전국
붕어낚시터
199

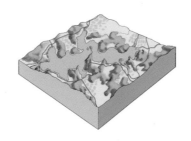

전국
붕어낚시터
199

도서출판 모노

머리말 ....

포인트, 그 막막함에 대하여

모든 낚시가 그렇듯 붕어낚시 역시 조과의 90%는 포인트에 달려있다. 아니, 어쩌면 붕어낚시만큼 포인트가 중요한 낚시도 없을 것이다. 누군가가 어느 낚시터에서 4짜 붕어를 낚았다고 치자. 우리는 그 정보를 들으면 가장 먼저 무엇이 궁금할까?

십중팔구는 누가, 어떤 채비와 미끼로, 언제, 어떻게 낚았냐보다 '어디 앉았어?'를 먼저 묻는다. 다시 말해서 포인트가 어디냐가 가장 궁금하다. 그 다음이 어떤 미끼, 어떤 채비냐일 것이다.

그만큼 붕어낚시에서 포인트가 차지하는 비중은 막대하다. 수많은 낚시잡지와 관련매체들이 붕어낚시 포인트 정보에 민감한 이유도 바로 그 때문이다.

이 책, 〈전국 붕어낚시터 199, 3D 입체 포인트 분석〉은 월간낚시21이 지난 2013년 봄에 출간한 〈그림으로 보는 명당터 100 + 100〉의 개정판이다. 〈그림으로 보는 명당터 100 + 100〉은 서점 배본 없이 초판 출간 이후 소비자 직판만으로 꾸준한 판매고를 올린, 이른바 '스테디셀러'로 자리를 잡았다.

〈그림으로 보는 명당터 100 + 100〉의 개정판인 〈전국 붕어낚시터 199, 3D 입체 포인트 분석〉에는 낚시터 포인트를 3D 입체 그림으로 표현해 세밀하게 분석한 곳이 99곳. 추가적으로 각 지역별 추천낚시터 100곳을 포함해 모두 199개의 낚시터가 실려있다.

〈전국 붕어낚시터 199, 3D 입체 포인트 분석〉은 기자들이 전국 낚시터를 발로 뛰며 직접 취재한 것을 한데 묶어 각 낚시터의 명 포인트를 3D로 작업해 낸 결과물이다. 현장에서 직접 사진을 찍고 스케치한 것을 바탕으로 3D 일러스트 프로그램으로 재현해 낸 것이다. 마치 새처럼 낚시터를 조감하는 느낌이 들 정도로 그려낸 3D 화면에 각각의 포인트를 구체적으로 짚어 사진과 함께 충실히 설명하고 있다.

낚시터 하나를 3D 일러스트로 표현해 내는 데만 꼬박 한 시간 이상 걸리는 작업이었다. 여기에 현장취재와 사진 자료가 더해졌으니 낚시터 소개를 위한 단행본으로는 유래가 없는 작업이었다.

독자들이 꾸준히 찾아주면 그 책의 수명은 길어지기 마련이다. 〈전국 붕어낚시터 199, 3D 입체 포인트 분석〉은 어쩌면 붕어낚시터 포인트 단행본의 길잡이 같은 책일지 모른다.

2023년 가을. 월간낚시

차례

황청지·오류내지·내가지·신선지·약수낚시터

강화도의 낚시터는 '수도권에서 가깝다'라는 게 가장 큰 장점이다. 1시간 남짓 달려 강화대교를 넘어가면 계곡의 정취를 맘껏 느끼며 낚시할 수 있는 크고 작은 저수지들이 꾼들을 기다리고 있다. 뿐만 아니라 강화산성, 전등사, 마니산, 애기봉 전망대 등 주위에 볼거리도 많아 가족을 동반하기에도 좋은 곳. 다양한 매력으로 수도권 꾼들의 안방 노릇을 하고 있는 강화도의 낚시터를 그림과 함께 살펴보자.

낚시터 위치도

수도권 강화
황청지

강화도 내 낚시터 중 가장 관리가 잘 되어 있는 곳 중 하나다. 수상 방갈로 좌대 20동(2인용 5동, 3~5인용 10동, 6~8인용 5동)이 있다. 낚시터에서 운영하는 펜션과 좌대 주위에 소형 방갈로가 있다. 계곡형 저수지로 물이 맑고 수심이 최대 15m로 깊다. 5곳에서 계곡물이 유입돼 수위가 금방 오른다. 외래어종이 없다는 것도 장점. 붕어, 향어, 잉어, 동자개 등이 서식한다. 2010년 초부터 지속적으로 빙어를 방류해오고 있으며, 겨울에는 빙어낚시축제도 열린다.

가는 길
강화읍을 지나 교동선착장 방면으로 직진하다 정면에 백련사 입간판이 보이는 삼거리에서 좌회전, 망월리 방면으로 6km 진행한다. 망월리 입구 사거리에서 좌회전한 뒤 내가천 다리를 건너면 바로 나오는 삼거리에서 황청리 방면으로 우회전해 들어가 4km 진행한다. 용두레마을 초입 생명수기도원 이정표가 있는 곳에서 좌회전해 다시 1km가량 올라가면 황청지에 도착한다.

주요 포인트

관리실 앞 수상 방갈로 좌대

상류 잔교 좌대

하류 제방권 급심지

낚시터정보

위치
인천광역시 강화군 내가면 황청리 522

유형
계곡형 저수지, 수상좌대 유료터

입어료
노지 : 3만원(여성, 미성년자 2만원)
수상좌대 : 2인 13만원, 3인 15만원,
　　　　　　 6인 23만원(주말 기준)

면적
7만 6,000제곱미터(약 2만 3,000평)

문의
010-3459-2266 whangcheongfish.com

포인트 개요

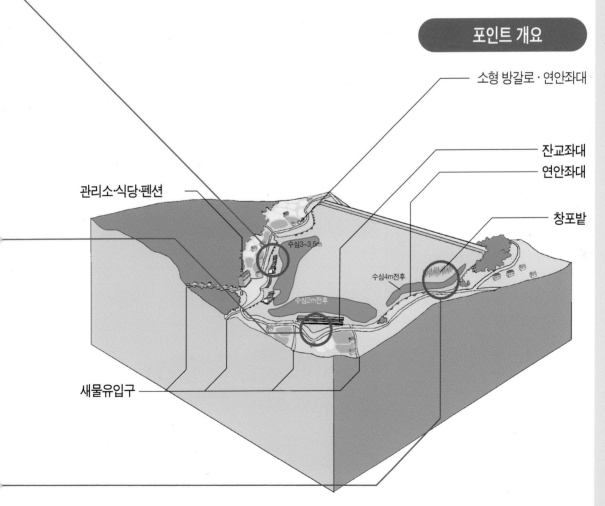

소형 방갈로 · 연안좌대

잔교좌대
연안좌대

창포밭

관리소·식당·펜션

수심3~3.5m

수심4m전후

수심2m전후

새물유입구

수도권 강화
오류내지

배스가 많이 서식하고 있는 곳으로, 잔챙이는 보기 힘들다. 저수지의 원이름은 하도지이며, 무지락골지라고도 불린다. 관리실에 들어서면 한쪽 벽면의 상당 부분을 차지하고 있는 4짜 붕어 사진들이 인상적이다. 그만큼 대형붕어 출현이 잦은 곳. 일단 걸면 35cm~4짜급이며 이곳에서 낚이는 붕어의 20% 가량은 혹부리 붕어로 깊은 수심에서 전해지는 붕어의 몸부림이 아주 짜릿하다. 주요 포인트는 상류 지역의 수초지대 연안과 잔교 좌대. 배스꾼들에게도 인기가 많아서 주말 오전 시간대 피딩타임을 노리는 배스꾼들의 왕래가 잦다. 관리실 옆에 방갈로 2동을 운영하고 있다.

가는 길
강화대교를 건너 직진, 강화읍을 통과한다. 강화군청 기준 인화 방면으로 4km 남짓 진행하면 길 오른쪽에 빨간 지붕의 칼국수집과 버스 정류장이 보인다. 여기에서 좌회전해 1km가량 올라가면 오류내낚시터 관리실 앞에 닿는다.

주요 포인트

하류 제방권

중~상류 골창

관리실 앞

낚시터정보

위치
인천광역시 강화군 송해면 하도리 산157

유형
계곡형 저수지, 연안좌대 유료터

입어료
붕어낚시 : 2만원, 배스낚시 : 1만원
방갈로 : 5만원(4인 주말 기준)

면적
13만 5,000제곱미터(약 4만평)

문의
032-933-2120 / 010-2389-6656

포인트 개요

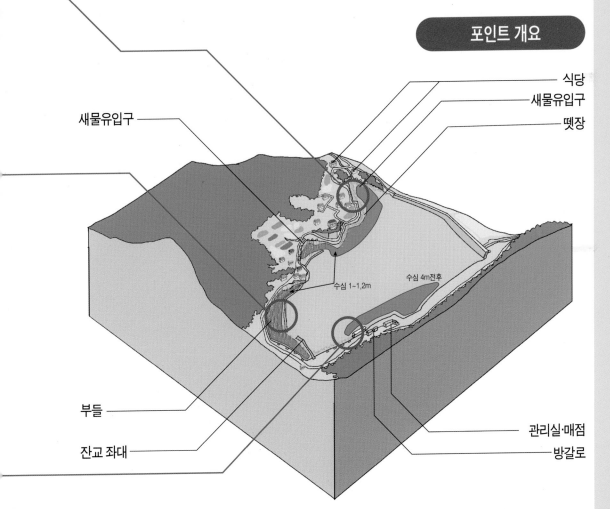

식당
새물유입구
뗏장
새물유입구
수심 1~1.2m
수심 4m전후
부들
관리실·매점
잔교 좌대
방갈로

수도권 강화
내가지

떡붕어가 대량 서식하고 있고 전층낚시와 내림낚시가 주류를 이루는 곳이다. 봄 산란기면 4짜급 이상 떡붕어의 진한 손맛을 느낄 수 있다. 붕어 개체수가 많고 성장 속도가 빠른 떡붕어가 주종이라 인위적인 방류를 하지 않는다. 릴낚시도 가능하고 배스꾼들도 많이 찾는 곳이다. 2018년 봄부터 수상좌대 5동을 운영하고 있다.

가는 길
강화읍에서 교동선착장 방면으로 진행한다. 강화산성 서문 앞 삼거리에서 고천리 방면으로 좌회전한 다음 4km 남짓 진행한다. 고려지상회 앞에서 오른쪽 길로 빠져나와 곧이어 나오는 고천3리 입간판으로 보고 좌회전하면 내가지 연안에 닿는다. 최상류까지 계속 올라가면 관리실 앞에 도착한다.

새물유입구

관리실 앞

낚시터정보

위치
인천광역시 강화군 내가면 고천리 449-6

유형
평지형 저수지, 수상좌대 및 잔교좌대
유료터

입어료
붕어낚시 : 2만원, 배스낚시 : 1만원
수상좌대 : 15~20만원

면적
90만 제곱미터(약 27만 2,000평)

문의
032-933-4287

포인트 개요

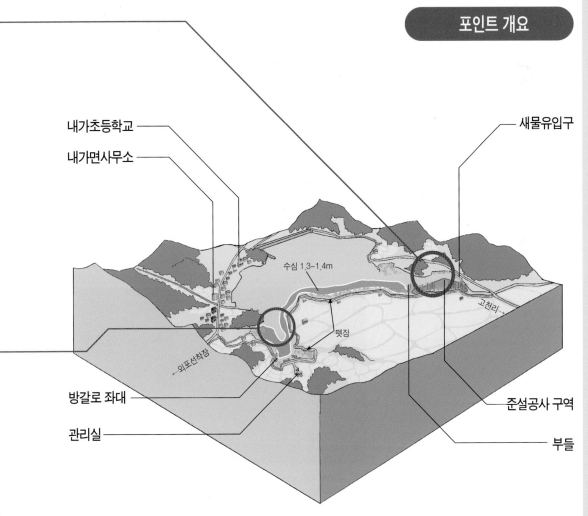

내가초등학교

내가면사무소

새물유입구

수심 1.3~1.4m

고천리

떗장

외포선착장

방갈로 좌대

준설공사 구역

관리실

부들

수도권 강화
신선지

내가지에서 불과 300m 떨어진 골짜기에 자리한 소류지 낚시터. 상류에 이렇다 할 오염원이 없어 아주 물이 맑다. 연안 좌대 주위로 숲이 우거져 있어 여름에도 시원하게 낚시를 즐길 수 있다. 마사토로 이루어진 연안은 수초나 말풀 없이 깨끗하다. 신선지는 다른 곳과는 달리 배수기에도 물을 거의 빼지 않아 수위가 안정되어 있다는 게 큰 특징. 붕어, 잉어, 향어 등이 낚인다. 수상좌대는 19동(특실, 4인용, 2인용)이 운영되고 있다.

가는 길
고천리까지 가는 방법은 내가지와 같다. 고려지상회 앞에서 왼쪽 길로 들어선 뒤 마을회관 앞과 야산 밑 삼거리에서 계속 좌회전해 올라가면 신선 낚시터 관리사무소 앞에 닿는다. 낚시터로 안내하는 이정표가 마을회관 앞부터 갈림길마다 붙어 있으므로 수월하게 찾아갈 수 있다.

주요 포인트

새물유입구~펜션 앞 연안 좌대

관리실 앞

제방 오른쪽 골창

낚시터정보

위치
인천광역시 강화군 내가면 고천리 1851

유형
계곡형 저수지, 수상좌대 유료터

입어료
노지 : 3만원(여성, 청소년 2만원)
수상좌대 : 11~22만원(주말 기준)

면적
3만 3,000 제곱미터(약 1만평)

문의
010-9483-1366 / 032-933-1366

포인트 개요

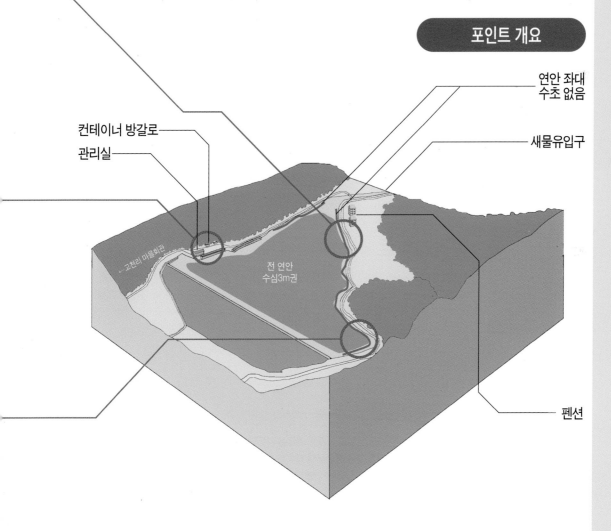

연안 좌대
수초 없음

새물유입구

컨테이너 방갈로

관리실

고천리 마을회관

전 연안
수심3m권

펜션

분오리지 강화군 화도면 사기리

토종붕어 자원만큼 떡붕어 개체수가 많은 곳이다. 두 어종 모두 지렁이 미끼에 입질이 활발하며, 떡밥도 잘 듣는다. 특히 제방 부근 깊은 수심대에서 준척 이상의 굵은 씨알이 잘 올라온다. 분오리지가 인기 있는 이유는 붕어낚시도 낚시지만, 빙어낚시가 잘 되는 곳이다. 겨울이면 빙어낚시를 즐기기 위한 가족단위 나들이 객들이 많이 찾는다.

고구지 강화군 교동면 고구리

강화도의 대표적인 얼음낚시터다. 2014년 7월 1일 강화 본섬과 교동도를 잇는 교동대교가 완공된 후 수도권에서 접근이 훨씬 쉬워졌다. 매년 겨울 시즌 얼음낚시 첫탕에서 마릿수 월척을 배출하는 곳. 초반 시즌에는 수면적이 넓은 본 저수지보다는 관리소 쪽의 작은 저수지에서 입질이 활발한 편이다. 봄~가을 시즌에는 가물치나 배스를 노리는 루어꾼들이 많이 찾는다.

송해수로&금골수로 강화군 송해면 솔정리~숭뢰리

송해수로와 금골수로는 각각 송해면 솔정리와 숭뢰리 평야지대에서 한강 하구로 흐르는 물길. 배스와 블루길이 서식하므로 잔챙이는 많지 않다. 얼음낚시에는 20cm 중반급부터 월척까지 낚이며, 간혹 4짜급이 올라오기도 한다. 이 두 수로는 모두 군사구역과 접해 있어 통제구역이 있다. 면소재지부터 철산리 간 도로를 기준으로 하류 쪽에서는 낚시할 수 없다.

이강리수로 강화군 하점면 이강리

삼가천의 상류에 해당하는 이강리수로는 중류 하점1교까지 포인트가 꽤 길게 이어진다. 계속 하류 쪽으로 내려가면 이 물길은 창후리까지 이어지고, 거기는 따로 '창후리수로'라는 이름으로 불린다. 글루텐과 지렁이의 짝법채비에 마릿수 재미가 좋은 곳. 여름에는 바닥낚시에 월척급 떡붕어 입질이 잦다. 하점1교 수문 일대가 최고 포인트.

상동암수로 강화군 불은면~선원면

상동암수로는 불은면과 선원면의 경계를 흐르는 상동암천을 말한다. 하류 화도돈대 쪽 하류에서 상류로 진입하는 게 본 코스. 화도돈대부터 상류쪽 1km 구간은 잘 닦인 아스팔트길과 나란히 붙어있어 진입여건이 좋다. 한여름 밤낚시가 재미있고, 콩알떡밥에 마릿수 찌올림이 좋다. 화도돈대 입구의 불은 이정표를 보고 진입하면 된다.

고삼지·금광지·두메지·덕산지·용설지

남한 면적의 15% 정도 되는 땅에 절반의 인구가 모여 사는 수도권. 비대해진 시가지는 끝을 모르고 넓어져만 간다. 사방에 콘크리트 투성이 인 수도권에서 맘 놓고 붕어낚시를 즐길 만한 곳을 찾기는 정말 쉽지 않다. 그나마 양어장형 유료터가 대부분이다. 이런 수도권에서 자연지 낚시의 묘미를 만끽할 수 있는 곳은 평택·화성과 대부도의 수로와 둠벙들, 그리고 이번에 소개할 안성의 저수지들이다. 물론 낚시할 수 있는 거의 모든 저수지는 유료터로 운영되고 있지만 안성은 도심과 가까운 장소에서 자연지 붕어낚시를 경험해 볼 수 있는 몇 안 되는 지역이다.

낚시터 위치도

수도권 안성
고삼지

만수면적 200만 제곱미터의 대규모 평지형 저수지인 고삼지는 붕어 바닥낚시, 중층낚시, 루어낚시를 망라한 수도권 민물낚시의 대표 명당이다. 규모가 큰 만큼 서식하는 어종도 다양하고 그 자원도 많다. 붕어, 떡붕어, 잉어는 물론 배스, 블루길, 누치, 가물치도 서식한다. 토종붕어가 떡붕어 개체수보다 많은데, 이는 수중섬과 수초, 수몰나무 등 토종붕어 서식처가 많기 때문이다. 이 수중섬과 수몰나무 군락은 풍부한 고삼지 어자원의 원천이다. 이곳에는 이씨네, 삼은, 금터, 양촌좌대 등 10여 곳의 유료 낚시터가 영업 중이다. 낚시터 중에는 배스보트를 빌려주는 곳도 있다.

가는 길
평택-제천고속도로 서안성 나들목을 나가서 45번 국도 용인·안성 방면으로 11km 진행한다. 송전지 인근 장서교차로에서 안성·고삼 방면 82번 지방도로 진입한 뒤 고삼면소재지에서 지방도를 빠져나가 굴다리 밑에서 고삼지 방면으로 좌회전, 우체국과 면사무소 앞을 지나 좌회전, 500m 정도 올라가면 고삼지 제방이 보인다.

주요 포인트

금터낚시터-팔자섬 (중류)

이씨네낚시터 (하류)

동그락섬 삼은좌대 (상류)

낚시터정보

위치
경기도 안성지 고삼면
월향리~동평리~봉산리

유형
평지형 저수지, 수상좌대 유료터

입어료
수상좌대 10만원

면적
200만 제곱미터(약 60만 5,000평)

문의
금터낚시터 031-674-3642
삼은좌대 031-672-3679
고삼호수낚시터 031-672-3481

포인트 개요

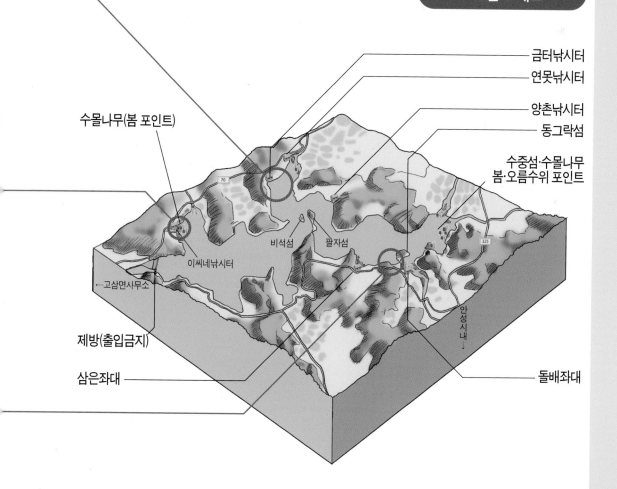

금터낚시터
연못낚시터
양촌낚시터
동그락섬
수중섬·수몰나무
봄·오름수위 포인트

수몰나무(봄 포인트)

70

325

비석섬　　팔자섬

이씨네낚시터

← 고삼면사무소

안성시내

제방(출입금지)

삼은좌대

돌배좌대

수도권 안성
금광지

만수면적 150만 제곱미터의 금광지는 하류권에서 V자로 갈라져 나온 특이한 형태의 계곡형 저수지다. 배스가 서식하고, 떡붕어가 많아 중층 낚시꾼들이 많이 찾는다. 메기도 많이 잡힌다. 골짜기가 길고 좁은 편이며 비교적 급경사다. 도로 쪽 연안보다 안쪽 연안의 경사가 더 급하다. 최상류를 제외하면 이렇다 할 수초대는 없고 바닥에 모래와 작은 돌이 깔려 있다. 물이 맑고 주변 경관이 수려한 것이 큰 장점이다. 4동의 수상좌대가 있고, 잔교좌대도 운영한다.

가는 길
평택-제천고속도로 남안성 나들목을 나가서 녹동교차로에서 직진, 안성산업단지로 진입한다. 안성양조장 앞 사거리에서 양조장을 끼고 계동 방면으로 좌회전한다. 38번 국도를 타고 장호원 방면으로 진행하다 가현교차로에서 우회전, 302번 지방도 금광호수 방면으로 4km 정도 진행하면 금광지 제방이 보인다. 관리소로 가려면 금광초등학교 앞에서 우회전해 제방 오른쪽 길로 진입하면 된다.

주요 포인트

왼쪽 연안 중~상류

관리실 앞

낚시터정보

위치
경기 안성시 금광면 금광리 344-5

유형
계곡형 저수지, 좌대 유료터

입어료
연안 3만원
수상좌대 7만원

면적
150만 제곱미터(약 45만 3,000평)

문의
031-673-3802 / 010-7233-3962

포인트 개요

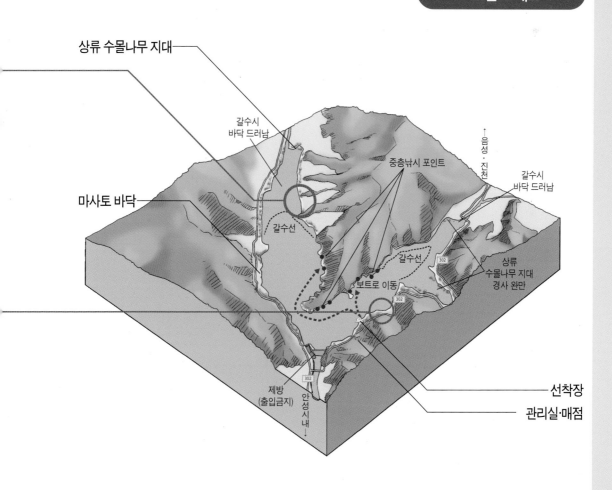

상류 수몰나무 지대

갈수시
바닥 드러남

중층낚시 포인트

↑
음
성
·
진
천

갈수시
바닥 드러남

마사토 바닥

갈수선

상류
수몰나무 지대
경사 완만

갈수선

보트로 이동

302

302

제방
(출입금지)

안
성
시
내
↓

302

선착장

관리실·매점

수도권 안성
두메지
(광혜지)

만수면적 43만 제곱미터의 계곡형 저수지로, 중층낚시 대회 장소로 유명한 곳이지만 바닥낚시 또한 만만찮은 재미를 안겨준다. 떡붕어 개체수가 많고 2010년 초부터 중국붕어 개체수도 늘어났다. 피라미가 상층에 많이 몰리는데, 대부분 중층낚시용 잔교 좌대 근처에 서식한다. 2011년 말 제방 보강 공사를 마쳐 만수위가 2m 정도 높아졌다. 바닥낚시용 좌대와 방갈로는 연안 골자리마다 자리잡고 있다. 25동의 수상좌대를 운영하고 있으며, 관리실 기준 상류 쪽 골자리에 한번에 수백명을 수용할 수 있는 중층낚시 전용 잔교좌대도 있다. 관리실 옆에는 저수지를 한눈에 조망할 수 있는 카페도 있다.

가는 길
중부고속도로 음성나들목을 나가서 우회전, 82번 지방도를 타고 광혜원 방면으로 향한다. 광혜원면소재지 앞에서 다리를 건넌 뒤 우회전, 17번 국도로 진입해 죽산 방면으로 진행하다 죽산휴게소 앞 삼거리에서 왼쪽 길로 진입해 500m 정도 언덕길을 올라가면 두메지 관리실이 길 오른쪽에 있다.

주요 포인트

상류 좌대

선착장 인근

중류 골창 수몰나무 지대

낚시터정보

위치
경기 안성시 죽산면 두교리 465

유형
계곡형 저수지, 좌대 유료터

입어료
연안 2만원(잡이터)
잔교좌대 1만원(캐치 앤 릴리즈)
수상좌대 13~20만원

면적
43만 제곱미터(약 13만평)

문의
031-672-7838 / 010-5051-3553
doomeji.co.kr

포인트 개요

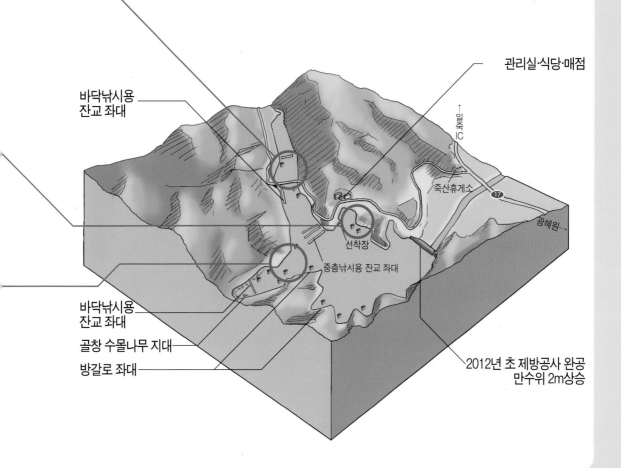

바닥낚시용
잔교 좌대

관리실·식당·매점

↑ 일죽 IC

죽산휴게소

선착장

중층낚시용 잔교 좌대

바닥낚시용
잔교 좌대

골창 수몰나무 지대

방갈로 좌대

광혜원 →

2012년 초 제방공사 완공
만수위 2m상승

수도권 안성
덕산지

만수면적 31만 5,000 제곱미터의 계곡형 저수지로 배스가 서식하는 대형 붕어터다. 입질 빈도는 떨어지지만 걸면 4짜 확률이 높아 대형급을 노리고 장박하는 꾼들이 많다. 오름수위 때는 상류 수몰나무 지대에서, 갈수기에는 제방 왼쪽 중~하류에서 손맛을 볼 수 있다. 제방 왼쪽 도로변 연안이 반대편 관리사무실 쪽 연안보다 경사가 급한 편이다.

가는 길
중부고속도로 일죽나들목을 나가서 우회전, 38번 국도 죽산 방면으로 진행한다. 죽산면소재지를 지난 후 GS 칼텍스 주유소를 끼고 우회전, 국도를 벗어나 82번 지방도로 진입해 삼죽 방면으로 진행한다. 삼죽면사무소 앞에서 용인·원삼 방면으로 우회전해 1km 정도 진행하면 덕산지 제방이 나온다. 관리실은 저수지 건너편에 있으므로, 저수지 끝에서 우회전해 500m 정도 진입해야 한다.

주요 포인트

관리실 앞에서 본 상류 포인트

제방 왼쪽 연안

낚시터정보

위치
경기 안성시 삼죽면 배태리 76-1

유형
계곡형 저수지, 좌대 유료터

입어료
연안 2만원
수상좌대 2인 기준 10만원

면적
36만 3,000 제곱미터(약 11만평)

문의
031-672-4527

포인트 개요

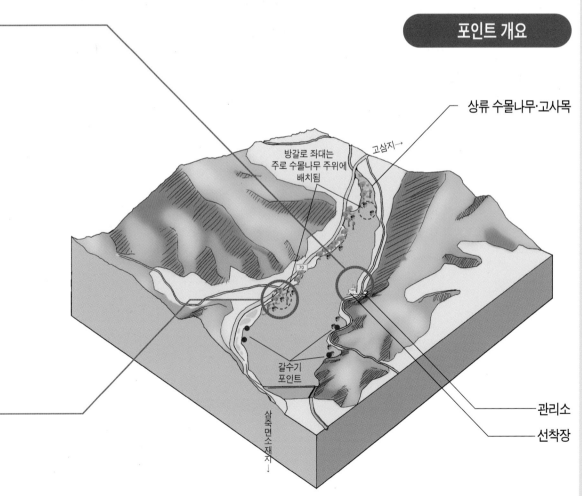

상류 수몰나무·고사목

고삼지→

방갈로 좌대는
주로 수몰나무 주위에
배치됨

70

갈수기
포인트

삼죽면소재지↓

관리소
선착장

수도권 안성
용설지

52만 8,000 제곱미터 규모의 준계곡형 저수지이며 배스가 많은 전형적인 대형붕어터다. 이 저수지는 2011년 65cm 배스(한국 최대어 비공인 기록)가 낚여 배스꾼들 사이에서 유명해진 곳이지만 붕어터로써는 별로 알려지지 않았다. 주요 포인트는 제방 양쪽 하류 골창의 수초밭과 최상류 수몰나무 지대. 글루텐과 곡물 떡밥을 각각 달아 쓰는 게 일반적이며 조과도 좋다. 용설호 문화마을에서 저수지를 관리하고 있다.

가는 길

중부고속도로 일죽나들목을 나가서 우회전, 38번 국도를 따라 죽산 방면으로 진행한다. 죽산면소재지에 진입한 후 죽산버스터미널을 지나 세계로약국 앞 사거리에서 좌회전해 3km 정도 진행하면 용설지 제방이 보인다.

주요 포인트

상류 수몰나무 자리

하류 골자리

낚시터정보

위치
경기 안성시 죽산면 용설리 513-1

유형
준계곡형 저수지, 노지 유료터

입어료
잔교좌대 3만원

면적
52만 8,000 제곱미터(약 16만평)

문의
031-676-8667 / 010-3163-7587

포인트 개요

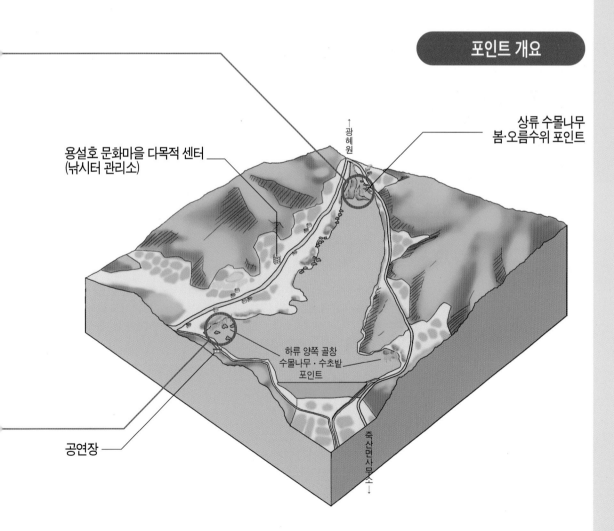

용설호 문화마을 다목적 센터
(낚시터 관리소)

상류 수몰나무
봄·오름수위 포인트

↑광혜원

하류 양쪽 골창
수몰나무·수초밭
포인트

죽산면사무소↓

공연장

만정지 안성시 공도면 만정리

수면적 23만 제곱미터 규모의 평지형 저수지. 만수지, 만수터지라고도 불린다. 서식 어종의 대부분은 떡붕어로 얼음이 풀리는 2월 말부터 입질이 시작돼 물낚시 끝물인 12월까지 시즌이 펼쳐진다. 마름이 수면 전역을 덮고 있어 토종붕어의 찌올림도 좋은 편. 제방 오른쪽 상류에 자리를 잡고 새우미끼를 쓰면 토종월척을 만날 수 있다.

마둔지 안성시 금광면 장죽리

1975년 준공된 마둔지는 안성에서 진천 가는 지방도로 변에 위치한 56만 제곱미터 규모의 저수지다. 수심이 깊고 물이 맑은 전형적인 계곡형 저수지. 토종붕어는 물론 대형 떡붕어 자원이 많아 2000년 대 초반부터 중층낚시꾼들이 하나 둘 찾기 시작하여 지금은 중층낚시터로도 꽤 알려져 있다. 봄에는 상류 일대, 물이 빠지는 배수기와 갈수기에는 제방 왼쪽 하류 골자리 연안이 주 포인트.

월동지 안성시 고삼면 월향리

고삼지 그늘에 가려져 있는 수면적 3,300제곱미터 정도의 소류지다. 2008년 월간낚시21에 겨울 얼음낚시터로 처음 소개된 곳. 봄~가을 시즌에는 수면 전체가 말풀로 덮인다. 월척급 이상 대형붕어는 확인되지 않았지만 얼음낚시 때 25cm 전후급 붕어가 활발한 입질을 한다. 수심은 제법 깊어 제방권이 3m 이상이며, 지렁이+떡밥의 짝밥채비가 효과적이다.

장서소류지 안성시 양성면 장서리

월간낚시21이 2007년 3월호에 처음 소개한 수도권 소류지 중 한 곳. 비교적 일찍 봄 시즌이 열리는 낚시터다. 송전지(이동지) 제방 오른쪽 상류의 장서교차로에서 불과 5분 거리. 수면적은 6,600제곱미터이며 연안을 따라 수초가 적당히 분포해 있다. 수심은 상류가 80cm 내외, 중하류권은 1.5m 정도. 물낚시 포인트는 제방권을 비롯한 하류 연안에 집중된다.

산북지 안성시 일죽면 산북리

수면 전체를 마름이 빼곡하게 덮고 있어 낚싯대 서너 대 펴는 것도 쉽지 않아 보이는 곳이다. 시즌 중에는 잔챙이 붕어의 성화가 워낙 심해 대형급은 좀처럼 보기 힘들다. 수초가 삭기 시작하는 늦가을부터가 본격 시즌. 얼음낚시 때 월척을 포함해 25cm 내외의 씨알이 마릿수로 낚인다. 새우나 옥수수가 잘 듣는 편. 지렁이는 여러 마리를 꿰어야 한다.

운곡지·못둘골지·혈곡지·기일골지·양달지

경상남도는 민물낚시보다 바다낚시 저변이 두터운 곳이다. 하지만 김해에서 시작해 함안~진주로 이어지는 남해고속도로 라인은 경남 붕어낚시의 중심축으로써 민물꾼들의 굳건한 지지를 받으며 경남 민물낚시의 기둥 역할을 하고 있다. 이 붕어낚시 축의 중심에 자리 잡고 있는 지역이 함안이다. 사천 두량지, 창녕 유리지와 같은 이름값 높은 저수지들은 없어도 구석구석 알짜 중소규모 저수지들이 많은 곳이다.

낚시터 위치도

경남 함안
운곡지

씨알보다는 마릿수가 좋은 곳이다. 사철 낚시가 가능한 계곡형 저수지. 바닥은 수초 없이 깨끗하며 제방 주위보다 양쪽 연안의 경사가 급해 길쭉한 홈통 모양이다. 주로 제방이나 도로 밑 연안으로 내려가 낚시를 한다. 제방 오른쪽 농장 쪽 연안과 최상류는 철조망으로 접근을 막아 놓았다. 인근 다른 저수지보다 수온이 낮고 물이 맑은 편이어서 터가 센 곳으로도 알려져 있다.

가는 길

남해고속도로 함안나들목을 나가서 우회전, 가야읍 방면으로 진행하다 가야읍내 가야사거리에서 경찰서 방면으로 좌회전한다. 산인면사무소 앞 삼거리에서 좌회전한 뒤 1021번 지방도를 따라 대산 방면으로 6km 진행하면 '산불조심' 간판이 있는 곳에 갈림길이 나온다. 여기서 칠서·칠원 방면 오른쪽 길로 들어간다. 800m 정도 언덕길을 올라가면 운곡지 제방이 보인다.

도로 옆

제방 오른쪽 하류

제방권

낚시터정보

위치
경남 함안군 산인면 운곡리

유형
계곡형 저수지

면적
1만 3,000제곱미터(약 3,900평)

포인트 개요

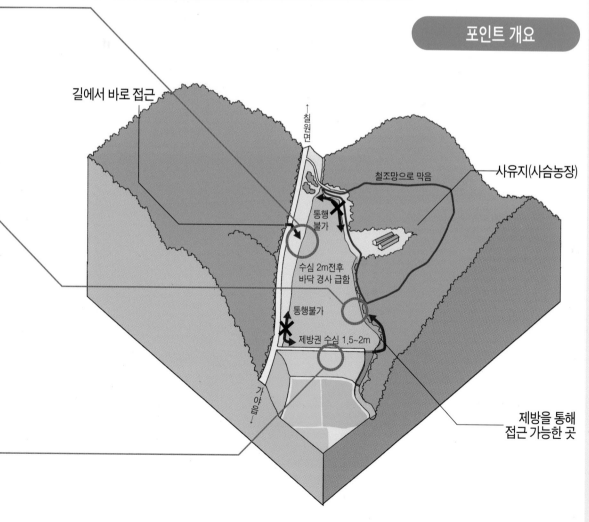

길에서 바로 접근

칠원면

사유지(사슴농장)

철조망으로 막음

통행불가

수심 2m전후
바닥 경사 급함

통행불가

제방권 수심 1.5~2m

가야읍

제방을 통해
접근 가능한 곳

경남 함안
못둘골지

외래어종 없는 수면적 9,400제곱미터 규모의 평지형 저수지다. 옥수수 내림낚시가 잘 되는 곳으로 알려져 있다. 낚시하는 꾼들의 대부분은 내림낚시 채비를 쓰고 옥수수 대신 새우를 달기도 한다. 하지만 떡밥, 지렁이, 메주콩 등 다른 미끼도 잘 먹히는 편이다. 겨울에도 손맛을 볼 수 있지만, 여름에는 마름이 덮여 낚시가 곤란해진다. 연중 최고의 찬스는 역시 봄철 산란기. 새물 유입구 부근이 1급 포인트로 꼽힌다. 9년 전 준설을 했기 때문에 바닥이 비교적 평편한 편이다.

가는 길

남해고속도로 함안나들목을 나가서 우회전, 가야읍내로 진입해 가야사거리에서 의령·군북 방면으로 우회전한다. 주공아파트 단지 앞을 지나 다리를 건넌 뒤 바로 좌회전, 다음 삼거리에서 우회전해 기찻길 옆 도로를 따라 1.5km 진행하다 정면에 버스정류장이 보이는 삼거리에서 좌회전해 건널목을 건넌다. 철도 공사장 앞 사거리에서 진동·함안 방면으로 좌회전한 뒤 1km 정도 진행하면 못둘골지 제방이 보인다.

주요 포인트

새물유입구 부근

논둑 뗏장수초 포인트

포인트 개요

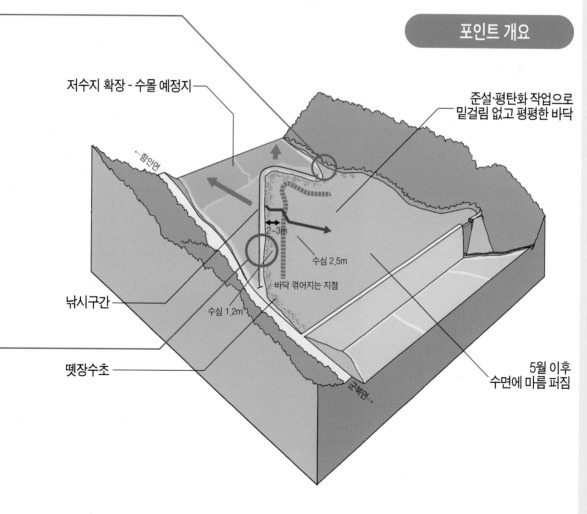

저수지 확장 - 수몰 예정지

준설·평탄화 작업으로
밑걸림 없고 평평한 바닥

함안면

2~3m

수심 2.5m

바닥 꺾어지는 지점

낚시구간

수심 1.2m

떳장수초

군북면

5월 이후
수면에 마름 퍼짐

경남 함안
혈곡지
(임곡지)

만수면적 5만 5,000 제곱미터의 계곡형 저수지다. 인근 저수지 중에서 규모가 큰 편에 속한다. 겨울부터 초봄까지 물색이 상당히 맑다가 3월 초가 지나면 낚시하기 좋을 정도로 회복된다. 여름에도 낚시가 잘 된다. 외래어종은 서식하지 않는다. 2012년에는 5짜가 낚였다는 소문도 있다. 바닥은 자갈과 굵은 모래로 이루어져 있다. 현지꾼들이 선호하는 포인트는 상류~중류 도로 변 뗏장수초 대의 수심 60~80cm 지역이다. 특히 산란기에 인기가 높은 곳이다. 제방 오른쪽 산 밑 골자리 두 곳도 1급 포인트로 꼽힌다.

가는 길
경전선 고가 철교 앞 사거리까지는 못둘골지 가는 길과 같다. 이 사거리에서 혈곡 방면으로 직진, 600m 진행하다 버스 정류장을 끼고 좌회전한다. 마을 진입로를 따라 700m 정도 진입하면 혈곡지 제방이 보인다.

중~상류 뗏장수초대

산 밑 골창

위치
경남 함안군 가야읍 혈곡리

유형
계곡형 저수지

면적
5만 5,000제곱미터(약 1만 6,600평)

포인트 개요

연안 뗏장수초대
수심 0.6~0.8m
산란기 포인트

자갈·모래 바닥

제방 너머 산길
도보로 접근

가야읍 →

경남 함안
기일골지
(터골지)

외래어종이 없고 옥수수 내림낚시가 잘 되는 곳으로 알려져 있다. 자갈과 마사토로 이루어진 바닥은 수초 없이 깨끗하다. 상류 연안을 따라 뗏장수초대가 분포해 있다. 물색은 맑은 편. 전통적인 붕어낚시 포인트는 새물 유입구 부근이다. 그러나 지금은 상류에서 자갈과 토사가 밀려와 예년의 포인트는 많이 사라졌다. 기일골지 붕어는 미끼를 특별히 가리지 않지만, 큰 씨알을 낚기 위해 내림낚시 채비에 새우 미끼를 달아 밤낚시를 하는 게 좋다.

가는 길
경전선 고가 철교 앞 사거리에서 혈곡 방면으로 직진한다. 다른 길로 빠지지 않고 계속 직진해 1.5km 정도 진입한다. 마을을 지나 언덕길을 올라가면 기일골지 제방이 보인다. 제방 앞에서 양쪽 연안으로 차량 접근이 가능하다.

주요 포인트

과수원

새물유입구 부근 맨바닥

낚시터정보

위치
경남 함안군 가야읍 혈곡리

유형
계곡형 저수지

면적
1만 2,000제곱미터(약 3,600평)

포인트 개요

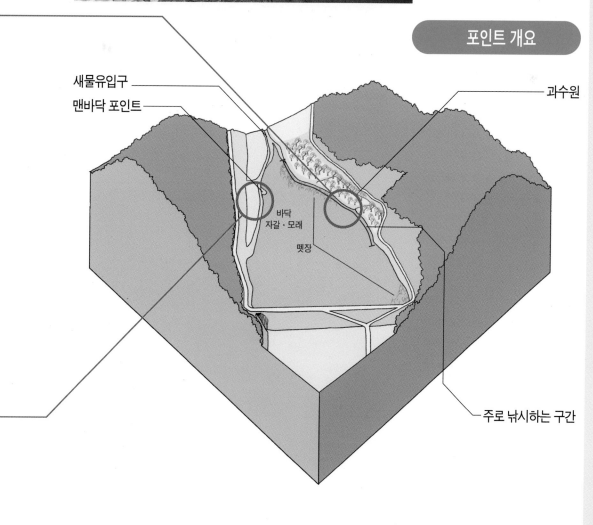

새물유입구

맨바닥 포인트

과수원

바닥
자갈·모래

뗏장

주로 낚시하는 구간

경남 함안
양달지

만수면적 3,000제곱미터의 소류지
다. 양지바른 곳에 있고 수심이 얕아
햇빛과 기온의 영향을 많이 받는다.
겨울에도 날씨가 풀리는 날에는 얼음
이 빨리 녹아서 낚시를 할 수 있다. 초
봄 얼음이 녹자마자 산란 특수를 기
대할 수 있다. 제방보다는 언덕 밑 논
둑 쪽 포인트 여건이 좋지만 접근하
려면 사유지를 지나가야 하기 때문에
제약이 있다. 초여름부터는 수면 가
득 마름이 덮여서 낚시가 곤란하다.

가는 길
가야읍 가야사거리에서 의령·군북
방면으로 79번 국도를 따라 진행하
다 소포삼거리에서 강주리 쪽으로 우
회전해 800m 정도 진입, 언덕길을
넘어가면 길 왼쪽 언덕 밑에 양달지
가 있다.
다른 방법으로는 남해고속도로 장지
나들목을 빠져나가서 의령·군북 방
면으로 좌회전, 1029번 지방도를 따
라 진행하다 가나안 관광농원 이정
표를 보고 좌회전해 남산마을 진입로
를 따라 올라가는 길도 있다. 400m
정도 진입하면 오른쪽에 양달지 제
방이 보인다.

주요 포인트

제방

철조망 앞 논둑

낚시터정보

위치
경남 함안군 군북면 소포리

유형
평지형 저수지

면적
3,000제곱미터(약 900평)

포인트 개요

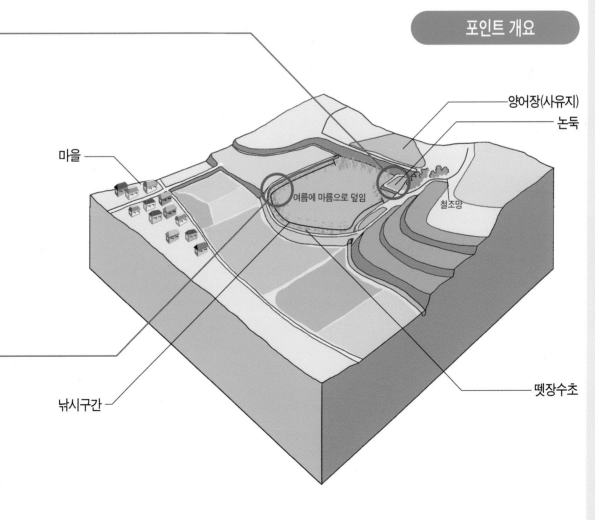

마을

양어장(사유지)

논둑

여름에 마름으로 덮임

철조망

낚시구간

뗏장수초

영동지 경남 함안군 칠북면 영동리

산 중턱에 있는 계곡형 저수지로, 수면적은 8,000제곱미터 정도다. 전체적으로 삼각형 모양이며, 제방을 제외한 상류와 중류에는 낚시자리 앞으로 마름이 잘 깔려 있다. 감이 익어갈 무렵, 즉 늦가을에 월척급 마릿수 입질이 좋은 낚시터다. 이때부터 첫 눈이 내릴 때까지가 영동지낚시의 절정기다. 미끼는 새우와 지렁이.

미산소류지 경남 함안군 함안면 파수리

수면적 4,000제곱미터 규모의 아담한 평지형 저수지다. 상류에는 연밭이 잘 형성되어 있다. 인근에 같은 이름의 이보다 큰 저수지가 있으니 혼동하지 않길 바란다. 참붕어가 많이 서식한다. 채집도 쉽기 때문에 조과나 편리성에서 참붕어가 큰 매력을 준다. 늦은 오후부터 초저녁, 새벽과 아침 시간에 입질 빈도가 높다.

서촌지 경남 함안군 대산면 서촌리

서촌리의 동촌마을과 접해있어 현지꾼들은 동촌지라 부르기도 한다. 수면적은 2만 3,000제곱미터. 상류에 이보다 좀 더 작은 저수지가 하나 더 있다. 이 때문에 현지꾼들은 통상 서촌지 윗못, 서촌지 아랫못으로 구분해 부른다. 미끼는 새우와 떡밥, 지렁이가 고루 잘 듣는다. 상류에는 침수수초도 잘 발달해 있다.

악양수로 경남 함안군 법수면~대산면

'처녀 뱃사공'이라는 가요의 탄생지가 바로 악양수로다. 강과 연결된 악양수로는 한겨울 결빙기를 제외하고는 사철 물낚시가 가능하다. 무수한 어자원이 남강과 낙동강으로부터 흘러들어 부산 경남 꾼들과 멀리 대구꾼들의 발길이 꾸준히 이어진다. 포인트는 악양교를 중심으로 위아래 연안이 모두 좋다. 현지꾼들은 하류 쪽을 더 선호한다.

자연지 경남 함안군 가야읍 산서리

오래전 산서리 야산 사이를 막은 제방에 물이 가두어지면서 자연스럽게 생긴 저수지다. 2000년 초 배스와 강준치 등이 유입돼 지금은 온갖 강고기가 다 낚인다. 이 때문인지 몰라도 해마다 5짜 붕어가 배출된다는 소문도 잦다. 평지형 저수지로 전역이 포인트. 건탄 류의 떡밥을 사용하여 다대편성을 하면 월척급 이상 대형붕어를 만날 수 있다.

상신지·산정지·도관지·장천지·산제수로

의성은 붕어낚시의 천국이라 해도 과언이 아니다. 낚시터의 질과 양에서 의성과 견줄 만한 데는 그리 많지 않다. 한국농어촌공사 통계에 따르면 의성·군위지역에 등록된 저수지만 3,097개. 거기에 알려지지 않은 소류지와 둠벙, 수로까지 더하면 엄청난 수의 포인트가 존재하고, 이 중 낙동강 지류에 해당하는 쌍계천 지류와 위천을 제외하면 외래어종이 들어가 있는 곳은 거의 없다. 그 뿐인가? 평상시 농업용수는 위천에서 직접 끌어다 쓰기 때문에 의성권 저수지는 연중 배수가 거의 없다. 이렇게 많은 저수지들이 그야말로 '낚시 전용'으로 남아있는 것.

낚시터 위치도

경북 의성

상신지
(용연지)

수면적 7만 3,000제곱미터의 중형 준계곡형 저수지다. 진입하기 쉽고 도로변에 가로수와 벤치가 설치되어 있어 나들이 장소로도 알맞다. 새우 미끼에 평균 20cm 중후반대의 준척급 씨알이 마릿수로 나오는 곳. 초보꾼들에게도 적합한 곳이다. 그러나 씨알에서도 결코 다른 저수지에 비해 뒤지지 않는다. 월척급 이상도 자주 얼굴을 보여 준다. 제방 오른쪽 골자리와 제방 왼쪽 연안, 상류 갈대밭 사이 둠벙이 주요 포인트다. 겨울 얼음 낚시를 위해 빙어를 지속적으로 방류하고 있다. 외래어종은 없다.

가는 길
중앙고속도로 의성나들목을 나가서 의성 쪽으로 우회전한 뒤 봉양교차로에서 고가도로를 타고 직진, 5번 국도를 따라 의성읍 방면으로 10km 정도 진행한다. 의성읍에 진입하기 전 길 오른쪽에 있는 용연리 이정표를 보고 국도를 빠져나가 사거리 하나를 지난 다음 우회전, 원당2리 마을로 올라가면 상신지 제방 앞에 닿는다.

주요 포인트

상류 수초대

왼쪽 연안

오른쪽 골창

낚시터정보

위치
경북 의성군 의성읍 용연리

유형
준계곡형 저수지

면적
7만 3,000제곱미터(약 2만 2,000평)

포인트 개요

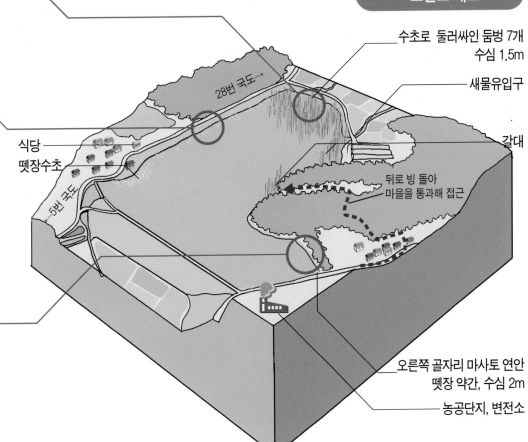

수초로 둘러싸인 둠벙 7개
수심 1.5m

새물유입구

갈대

28번 국도

식당

뗏장수초

5번 국도

뒤로 빙 돌아
마을을 통과해 접근

오른쪽 골자리 마사토 연안
뗏장 약간, 수심 2m

농공단지, 변전소

경북 의성

산정지

논밭 한가운데 자리한 1만 1,000제
곱미터 규모의 평지형 소류지다. 약
간 찌그러진 직사각형 모양이다. 수
면의 절반은 갈대 등 수초로 뒤덮여
있다. 수심은 만수위 기준 1.5m를 넘
지 않는다. 전반적으로 상당히 얕고
바닥에는 수초 등 퇴적물이 많이 쌓
여 있어 밑걸림에 주의해야 한다. 제
방 왼쪽 논두렁으로 둘러싸인 연안
에는 땅 주인이 낚시금지 푯말을 세
워 놓고 접근을 막고 있다. 가을걷이
가 끝난 후 들어갈 수 있다. 바닥에
청태가 생길 때가 있다. 배스와 블루
길은 없다.

가는 길

중앙고속도로 의성나들목을 나가서
의성 방면으로 우회전한 뒤 고가도로
가 있는 화전사거리에서 고가도로 아
래로 좌회전, 28번 국도를 따라 안계
방면으로 향한다. 비안면을 지나 안
계면 외곽도로를 따라 안계면소재지
를 벗어나면 오른쪽에 다인휴게소가
보인다. 휴게소 앞에서 우회전해 시
멘트 포장길을 따라 800m 정도 올
라가면 갈림길이 나온다. 여기서 산
정교회 이정표를 보고 우회전, 100m
정도 언덕길을 내려간 후 농수로에서
좌회전해 올라가면 산정지 제방 앞에
닿는다.

제방 오른쪽 연안

최상류 둠벙

낚시터정보

위치
경북 의성군 다인면 외정리

유형
평지형 저수지

면적
1만 1,000제곱미터(약 3,300평)

포인트 개요

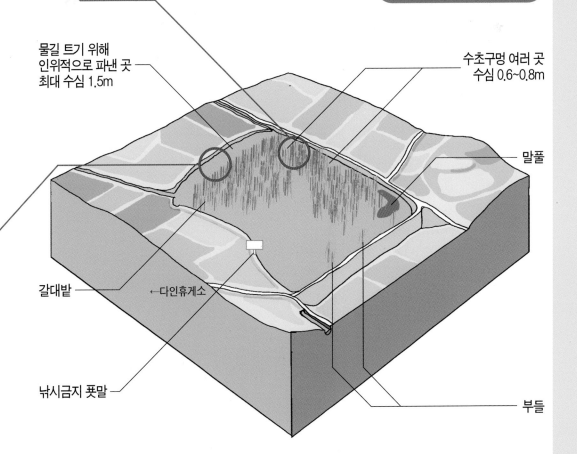

물길 트기 위해
인위적으로 파낸 곳
최대 수심 1.5m

수초구멍 여러 곳
수심 0.6~0.8m

말풀

갈대밭

←다인휴게소

낚시금지 푯말

부들

경북 의성
도관지

3만 8,000제곱미터 규모로 인근 저수지 가운데서는 제법 큰 평지형 저수지다. 연안 전역 수심이 일정하고 여름부터 가을까지 꾸준한 조황을 보여 주기 때문에 꾼들의 사랑을 받고 있다. 옥수수나 떡밥을 쓴다면 20cm 중반 씨알의 마릿수 조과를, 새우나 메주콩으로는 월척급 이상을 기대할 수 있다. 마름과 개구리밥 등 부유물이 많다. 마름은 10월 중순부터 삭기 시작하지만 개구리밥은 늦가을에도 바람을 따라 연안 한쪽으로 계속 몰려다니기 때문에 꽤 성가시다. 외래어종은 없다.

가는 길

중앙고속도로 의성나들목을 나가서 의성 방면으로 우회전한 뒤 고가도로가 있는 화전사거리에서 고가도로 아래로 내려가 좌회전, 28번 국도를 따라 안계 방면으로 진행한다. 안계면 초입 삼거리에서 오른쪽 외곽도로를 따라 4km 더 들어가면 길 왼쪽에 달제리·삼분리 이정표가 나오고 오른쪽에는 삼분마을 표석이 보인다. 이 표석 앞에서 우회전, 1km 정도 더 들어가면 마을 초입 오른쪽에 도관지 제방이 보인다.

주요 포인트

상류 수초밭

제방 오른쪽 연안

낚시터정보

위치
경북 의성군 다인면 삼분리

유형
평지형 저수지

면적
3만 8,000제곱미터(약 1만 1,500평)

포인트 개요

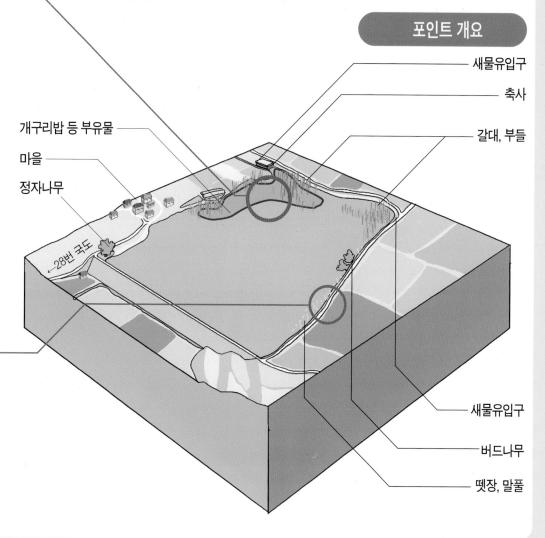

새물유입구

축사

갈대, 부들

개구리밥 등 부유물

마을

정자나무

28번 국도

새물유입구

버드나무

뗏장, 말풀

경북 의성
장천지

1만 5,000제곱미터 규모의 평지형 소류지다. 규모와는 달리 현지꾼은 물론 외지인들에게도 잘 알려진 곳이다. 오랫동안 물이 마르지 않아 뗏장수초, 갈대 등 수초대가 잘 발달해 있고 인근 저수지들이 모두 그렇듯 배수를 잘 하지 않아 사시사철 일정한 수심을 유지한다. 월척 이상의 굵은 씨알 입질을 기대할 수 있지만 그리 쉽게 낚이지 않아서 터가 세다는 평을 받고 있다. 참붕어가 많이 서식하고 있다. 생미끼 대형붕어낚시터로 알맞은 곳이다.

가는 길

중앙고속도로 의성나들목을 나가서 의성 방면으로 우회전한 뒤 고가도로가 있는 화전사거리에서 고가도로 아래로 내려가 좌회전, 28번 국도를 따라 안계 방면으로 향한다. 비안면소재지를 지나 용남 2리 이정표를 따라 우회전 한 후 왼쪽 논길을 따라 들어간다. 논길 끝에서 우회전, 마을회관을 지나면 오른쪽에 소화전 하나가 보인다. 여기서 우회전, 축사를 지나 오른쪽 길로 들어가면 장천지 상류에 닿는다.

주요 포인트

상류 갈대밭

왼쪽 뗏장수초 지대

제방 오른쪽 뗏장수초 지대

낚시터정보

위치
경북 의성군 비안면 용남리

유형
평지형 저수지

면적
1만 5,000제곱미터(약 4,500평)

포인트 개요

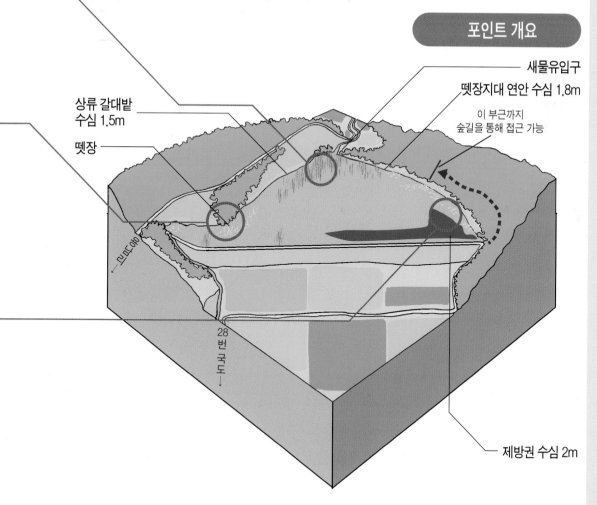

새물유입구
뗏장지대 연안 수심 1.8m

이 부근까지
숲길을 통해 접근 가능

상류 갈대밭
수심 1.5m

뗏장

앞 제방

28번 국도

제방권 수심 2m

경북 의성
산제수로

산제지에서 발원해 화신리에서 쌍계천으로 합류하는 수로다. 약 5km 정도의 길이로 30여 개의 소류지에서 나온 물이 합류해 수량이 풍부하다. 한겨울에도 살얼음을 깨고 물낚시가 가능하다. 100~300m 간격으로 늘어서 있는 보 주변이 낚시 포인트. 갈대밭으로 둘러싸여 있고 0.6~0.8m 수심을 유지한다. 이런 보는 하류 합수지점까지 15개가 존재한다. 합수지점 인근에는 외래어종이 서식하고 있지만 상류로 올라갈수록 그 개체수는 줄어든다.

가는 길

중앙고속도로 의성나들목을 나가서 의성 방면으로 우회전, 1km 진행하여 화전사거리에서 고가도로 아래로 내려가 좌회전한 후 바로 오른쪽으로 국도를 빠져나간다. 국도를 빠져나가자마자 바로 우회전, 이어 나오는 삼거리에서 좌회전 해서 3km 남짓 더 진행하면 만장사 이정표와 함께 다리가 나온다. 이 다리 밑으로 흐르는 수로가 산제수로다. 다리를 건너 우회전해 들어가면 상류 쪽으로 향한다.

수초대

보

위치
경북 의성군 비안면 산제리~화신리

유형
수로

구간
산제리~화신리 약 5km

포인트 개요

보 근처에는 항상 다리가 있음

수초 부근 수심
0.6~0.8m

비포장 농로

보 부근 수심
1m 전후

포장도로

산제지

상류

하류

비안면소재지

태양지 경북 의성군 안계면 양곡리

태양지는 인근 수로에서 사철 새물이 유입되는 저수지다. 아무리 가물어도 바닥을 드러내는 일이 없다. 상류와 중류에 수초 발달이 좋아 붕어 자원이 많다. 낚시자리는 5곳 정도 눈에 띈다. 낚이는 어종은 붕어와 가물치가 많지만 최근 들어 준치가 드문드문 입질을 한다. 4월 이후에는 수면 전역이 수초로 덮인다.

헌탕지 경북 의성군 금성면 탑리

헌탕지의 수면은 두 개다. 편의상 아래 못과 윗못으로 부른다. 아래 못과 윗못의 거리는 100m 정도. 아래 못은 오랫동안 바닥을 드러낸 적이 없으며 봄부터 늦가을까지 말풀이 전역을 덮고 있어 낚시가 어렵다. 헌탕지의 제 시즌은 초봄과 늦가을. 제방을 비롯한 하류권 수심은 2m 내외이며, 중류 연안은 1.5~1.8m, 상류 연안은 평균 1.5m 정도다.

효천지 경북 의성군 다인면 송호리

효천지는 지난 2008년 쯤 배수구 공사를 하면서 완전히 바닥을 드러낸 적이 있다. 그러다가 2012년 봄부터 25cm 이상 준치급이 마릿수 입질을 시작했다. 글루텐과 지렁이를 함께 쓰면 멋진 찌올림과 함께 마릿수 손맛을 볼 수 있다. 주차 공간이 넉넉하고, 연안을 따라 다양한 포인트의 앉을자리가 산재한다. 외래 어종은 전혀 없으며, 붕어와 잉어 가물치 동자개가 자생한다.

용천지 경북 의성군 다인면 삼분리

용천지는 지난 2010년 배수구 공사를 하면서 바닥을 드러낸 적이 있다. 그러나 워낙 뻘이 깊어 붕어 자원은 고스란히 살아남았다. 지렁이와 글루텐 계열의 떡밥이 잘 먹히고, 최근에는 옥수수 내림낚시도 효과적인 곳이다. 어분계열 떡밥을 쓰면 잉어 입질이 잦다. 상류 연안에는 연이 자라고, 중하류권은 바닥이 깨끗한 편이다.

만천지 경북 의성군 금성면 만천리

현지꾼들이 석남지라고도 부르는 만천지는 수면적 3만 7,000제곱미터 규모의 평지형 저수지다. 만천지의 특징은 배수기가 없다는 점. 이 덕분에 한여름에도 호황세를 유지한다. 최근 배스가 유입되긴 했으나 그 수는 매우 적다. 월척 이상 대형붕어들은 청지렁이에 좋은 반응을 보인다. 물론 일반 지렁이와 참붕어, 새우, 옥수수 등 다양한 미끼로도 월척을 노릴 수 있다.

경상북도
안동

서동골못·흡실지·구운산지·장수곡지·진실유지

안동은 도심지를 통과하는 낙동강 본류와 그 지류 덕에 강붕어 낚시 저변이 두터운 곳이었다. 그러나 4대강 공사 이후 그 좋고 많던 강붕어 포인트는 거의 전멸했다. 탄식이 절로 나오는 일이지만, 대안이 많기에 불행 중 다행이다. 드넓은 안동 땅에 불쑥불쑥 솟은 산자락 사이로 숨은 알짜배기 저수지 5곳. 대부분 인적 드문 구릉지에 있는 탓에 찾아가기는 길이 조금 어렵지만, 일단 도착하면 자리가 넓고 야영할 수 있는 공간이 충분해 여유 있게 낚시를 즐길 수 있는 곳들이다.

낚시터 위치도

영주

안동권씨 소등재사

태백

933

서안동나들목

924

서동골못

춘천

와룡면

IC

35

34

5

안동시

안동시청

안동역

용상주공 아파트

924

안동낚시백화점

중앙고속도로

충앙선

남선면

남선면사무소

영양·영덕

34

구운산지

남안동나들목

장수곡지

진실유지

IC

고추가루 공장

N

914

흡실지

일직면

의성

5

79

경북 안동
서동골못

현지꾼들 사이에서 일명 ''빵공장'이라 불리는 서동골못은 만수면적 3,000제곱미터 규모의 평지형 소류지다. 수심은 최대 2m 전후로 얕은 편이다. 붕어, 동자개, 희나리 붕어, 잉어 등이 서식한다. 배스가 유입된 건 10여 년 전이다. 이 때문에 38~40cm 정도 되는 대형붕어가 곧잘 출몰한다. 늦가을부터 초봄까지는 물색이 아주 맑고 침수수초가 빽빽해서 낚시가 잘 안 된다. 4월부터 연안 가까운 곳의 말풀이 삭아 5월에는 모든 포인트가 열리고, 11월까지 시즌이 이어진다. 옥수수, 메주콩, 건탄 떡밥 같은 식물성 미끼가 주로 쓰인다. 희나리 붕어는 미끼를 가리지 않고 잘 낚인다.

가는 길
안동시청 앞에서 35번 국도를 타고 태백 방면으로 5km 진행한다. 길 오른쪽에 태1리 방면 이정표가 나타나면 오른쪽으로 빠진 다음 좌회전, 굴다리를 통과해 마을로 진입한다. 길 왼쪽 빵공장을 끼고 좌회전, 농로를 따라 400m 정도 올라가면 서동골못 제방이 보인다.

제방 포인트

빽빽한 말풀지대

낚시터정보

위치
경북 안동시 와룡면 태리

유형
평지형 저수지

면적
3,000제곱미터(약 900평)

포인트 개요

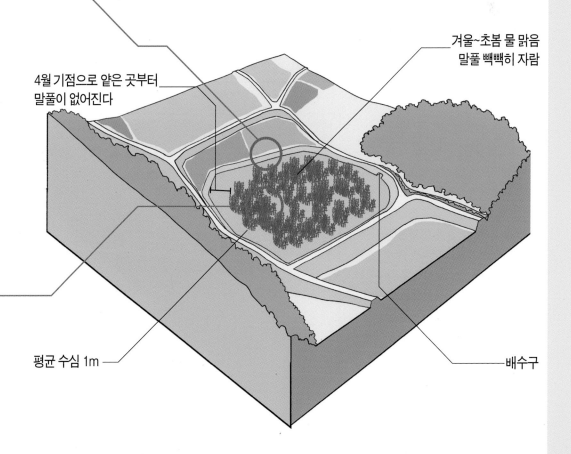

겨울~초봄 물 맑음
말풀 빽빽히 자람

4월 기점으로 얕은 곳부터
말풀이 없어진다

평균 수심 1m

배수구

경북 안동
흡실지

만수면적 2만 6,000제곱미터 규모의 계곡형 저수지다. 붕어와 함께 희나리 붕어, 잉어, 떡붕어 등이 서식한다. 배스나 블루길 등은 없고, 새우가 많아서 현장 채집 후 새우 바닥낚시를 할 수 있다. 옥수수, 떡밥, 글루텐도 쓰이는데, 옥수수 내림낚시를 하면 21~25cm급 붕어가 주로 낚인다. 쏘가리도 많이 산다. 떡밥으로 낚시를 할 때는 떡밥에 모여든 잡어를 잡아먹기 위해 쏘가리가 접근하다가 교통사고(?)로 바늘에 몸이 걸려 나올 때도 있다. 희나리 붕어는 35cm 이상 대형급이 자주 낚이고, 60cm 이상 큰 잉어가 걸려들 때가 있다. 튼튼한 채비를 쓰는 게 좋다.

가는 길

중앙고속도로 남안동나들목을 나가서 안동 방면으로 좌회전, 400m 진행한다. '조탑동 5층 전탑' 이정표가 있는 삼거리에서 왼쪽 길로 진입한다. 길 오른쪽에 나오는 두 번째 농로를 따라 우회전한 다음 다리를 건너 다시 우회전, 수로 변 비포장 길을 따라 500m 진입한다. 왼쪽 농로로 좌회전해 들어가 400m 정도 언덕길을 따라 올라가면 흡실지 제방이 보인다.

최상류 새물유입구

제방 오른쪽 산비탈

위치
경북 안동시 일직면 조탑리

유형
계곡형 저수지

면적
2만 6,000제곱미터(약 7,800평)

포인트 개요

수몰나무, 수초

작은 석축

상류 수심 1m 전후

비포장도로

중류 이하 수심 3m

경북 안동
구운산지

면적 9,800제곱미터 규모의 평지형 저수지다. 붕어, 동자개, 희나리 붕어가 서식하며 새우가 많이 산다. 외래 어종은 없고, 4짜 붕어가 확인된 곳이다. 4월부터 6월까지가 붕어낚시 주 시즌이다. 6월 이후에는 마름이 온 수면에 퍼진다. 여름에도 낚시는 가능하지만 마름을 걷어내는 작업이 꽤 번거롭다. 연안 전역에 골고루 낚시자리를 만들 수 있지만, 제방 왼쪽 연안은 농경지라 농번기 때는 출입을 삼가는 게 좋다.

가는 길
중앙고속도로 남안동나들목을 나가서 안동 방면으로 좌회전, 3km 진행한다. 일직삼거리에서 고춧가루 공장을 끼고 일직 방면으로 우회전한다. 공장을 지나 200m 진입하면 구운산지 제방이 보인다.

주요 포인트

과수원·밭둑

새물유입구

낚시터정보

위치
경북 안동시 일직면 운산리

유형
평지형 저수지

면적
9,800제곱미터(약 3,000평)

포인트 개요

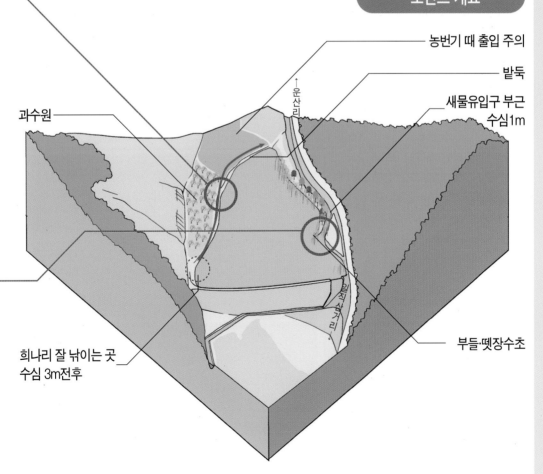

과수원

↑운산리

일직삼거리

농번기 때 출입 주의

밭둑

새물유입구 부근
수심1m

희나리 잘 낚이는 곳
수심 3m전후

부들·뗏장수초

경북 안동
장수곡지

만수면적 3만 3,000제곱미터 규모의 계곡형 저수지로, 5월부터 12월까지가 낚시 시즌이다. 특히 6월 말~7월 초 장마철 오름수위 찬스에 위력을 보인다. 비 온 후 상류 쪽 물색이 탁해질 때가 절호의 기회. 배스가 서식한다. 바닥에 돌이 깔려있고, 수몰나무와 석축 등이 많다. 따라서 전형적인 배스 유입 대형붕어터의 특성이 있다. 붕어의 몸 두께와 체고가 월등하며 확인 된 붕어 최대어는 45cm다. 떡밥, 글루텐, 옥수수 등 식물성 미끼가 주로 쓰인다. 붕어와 배스 외에 60cm가 넘는 향어와 잉어도 서식하므로 튼튼한 채비는 필수다.

가는 길

안동 시내에서 5번 국도를 타고 대구 방면으로 진행, 안동대교를 건넌다. 안동병원을 지나 2km 진행하면 남선면을 가리키는 이정표가 보인다. 오른쪽으로 국도를 빠져나간 뒤 좌회전, 굴다리를 통과해 남선면 방면으로 우회전한다. 유은복지재단 이정표를 따라 아스팔트 도로를 따라 1.8km 진행한 다음 다리를 건너 농협 앞에서 우회전, 하천 변 도로를 따라 3km 더 올라가면 장수곡지 제방이 보인다.

주요 포인트

새물유입구 부근 돌바닥

상류 밭둑

위치
경북 안동시 남선면 외하리

유형
계곡형 저수지

면적
3만 3,000제곱미터(약 1만 평)

포인트 개요

상류 돌밭
배스 자주 출현

갈수 시 바닥 드러냄

말풀

수심 4~6m

낚시구간

외하리 · 안동시내

경북 안동
진실유지
(신흥지)

만수면적 6만 4,000제곱미터 규모의 계곡형 저수지다. 외래어종은 없고 잉어, 향어, 가물치가 서식하며 잔 씨알의 붕어가 많다. 떡밥낚시로 20cm 전후 씨알의 손맛을 쉽게 볼 수 있다. 제방 폭이 넓어 주차와 야영이 쉽고 주변에 펜션, 야영장, 휴양림이 있어 여성과 어린이 등 초보자를 동반한 낚시 여행에 좋은 곳이다. 큰 씨알을 낚으려면 현장 채집으로 새우를 확보한 뒤 밤낚시를 하면 된다. 시즌은 4월부터 이듬해 2월까지 이어지며 붕어는 물론 빙어도 낚을 수 있어 얼음낚시 재미도 상당히 좋은 곳이다.

가는 길

안동체육관 앞 35번 국도 상에서 영가대교를 건너 검찰지청을 지난다. 리버사이드 모텔 앞 사거리에서 영천·길안 방면으로 좌회전, 고개를 넘어 남선면사무소 앞에서 식당을 끼고 우회전한다. 남선초등학교 교문 앞을 지나 바로 좌회전해 다리를 건넌 후 우회전, 농로를 따라 신흥리 방면으로 2km 진입하면 진실유지 제방이 보인다.

주요 포인트

새물유입구 부근

중류 골창 수몰나무 지대

낚시터정보

위치
경북 안동시 남선면 신흥리

유형
계곡형 저수지

면적
6만 4,000제곱미터(약 1만 9,000평)

포인트 개요

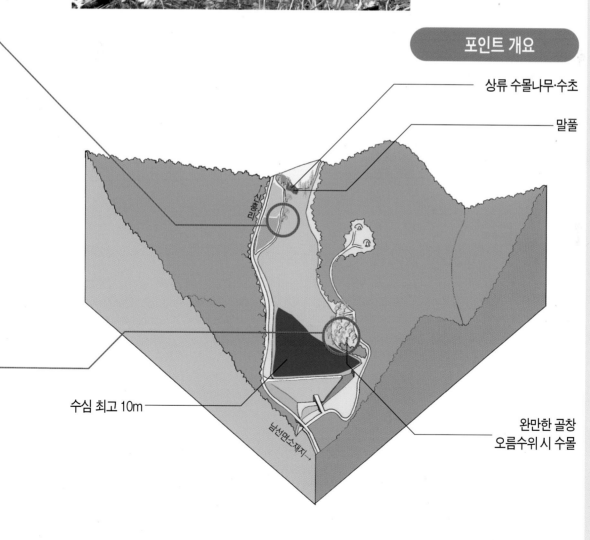

상류 수몰나무·수초

말풀

수심 최고 10m

완만한 골창
오름수위 시 수몰

추목지 경북 안동시 임하면 추목리

만수면적 7,000제곱미터 규모의 계곡형 소류지다. 서식어종은 붕어, 잉어, 향어, 그리고 희나리 붕어 등이다. 배수기 때 오히려 조황이 더 낫다는 게 특징이다. 평소에는 상류에 한 자리밖에 없어 아쉽지만, 물이 빠지면 포인트가 늘어난다. 이때는 마릿수도 좋다. 20cm 초반급 붕어를 지렁이 한 마리로 2~3마리까지 낚을 수 있다.

갸야소류지 경북 안동시 와룡면 가야리

1,600제곱미터(약 500평) 규모의 소류지다. 자생하는 어종은 붕어, 잉어, 가물치 딱 세 종류 뿐. 배스나 블루길 같은 외래어종은 없다. 새우나 참붕어 미끼를 쓰면 가물치의 공격이 빈번하므로 옥수수 미끼를 써야 한다. 상류 수심은 1~2m권이어서 부채꼴 모양의 다대 편성이 좋고, 중류와 제방은 발 앞부터 수심이 급격히 깊어진다.

신양지 경북 안동시 풍산읍 신양리

수면적 13만 2,000제곱미터 규모의 전형적인 계곡형 저수지다. 상류 수심이 3m, 중류권 수심은 7m 이상으로 깊은 편이다. 제방 왼쪽 상류가 최고의 명당. 이 골자리의 바닥에는 수몰 나뭇가지들과 갈수기 때 자란 수풀 등의 밑걸림 요소가 있다. 채비 걸림에 충분히 대비해야 한다. 3m 이상의 수심에서 낚이는 붕어의 평균 씨알은 20cm 이상 월척급이다. 붕어의 힘이 엄청나다.

포진샛강 경북 안동시 송천동

반변천 포진1교 아래의 샛강이다. 현지꾼들은 포진늪이라고 부르지만 늪이라기보다는 샛강이라는 말이 정확한 표현이다. 평소에는 물길이 끊겨 늪처럼 보이지만 낙동강 수위가 오르면 포진1교 다리 아래로 물이 넘쳐 샛강이 된다. 장마가 끝난 후 찾으면 지렁이 미끼로 20~25cm급 붕어를 타작할 수 있다.

금소둠벙 경북 안동시 임하면 금소리

길안천의 물길이 끊겨 둠벙이 형성되는 곳이다. 하류 쪽에 수몰나무가 그럴싸한 포인트를 만들고 있다. 수심은 1~1.3m 정도이고, 2.9칸 이상의 비교적 긴대를 펴야 한다. 지렁이 미끼로 20cm 전후급 붕어의 마릿수 입질을 받을 수 있다. 중층낚시를 하면 월척급 떡붕어 손맛도 볼 수 있다. 안동 현지꾼들에게도 아직 덜 알려진 곳.

두인지·구계지·죽안지·광전지·이사지

'한 방 대형급'의 마력에 끌려 먼 길을 마다 않고 달려가는 대형붕어꾼들. 심산유곡 소류지일수록, 지도에도 없는 길을 따라가야 하는 들판 한가운데의 작은 연못일수록, 외래어종이 바글거려 여간해서는 입질 한 번 받기 힘든 곳일수록 이들의 열정은 불타오른다. 경북 예천은 이들 대형붕어꾼들의 심장에 불을 붙이는 저수지로 가득하다. 인근 의성군에 비해 외래어종이 많이 퍼졌고 터가 세지만, 그 '한 마리'의 마력에 이끌려 대구는 물론 수도권 꾼들도 예천을 찾는다.

낚시터 위치도

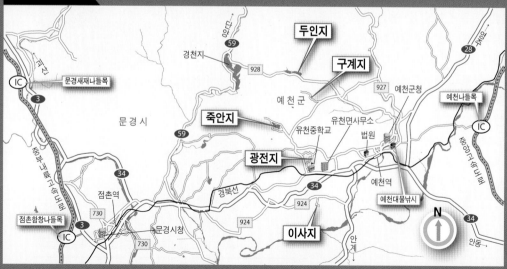

경북 예천
두인지

주요 포인트

수면적 14만 5,000제곱미터 규모의 계곡지다. 물이 맑은 편이고 경사가 급하며 수심이 깊어 최상류에서도 3칸 대에 수심이 2m를 넘어간다. 배스가 서식하는 대형붕어터. 배스 외에도 메기와 잉어가 많다. 아직 블루길은 없다고 한다. 주요 포인트는 상류 폐가 앞과 새물 유입구 부근. 만수위에서 1~2m 정도 내려갔을 때 이곳 주위에 있던 바닥 둔덕이 노출되어 포인트가 형성된다. 상류 쪽에 바로 운암지가 붙어 있다. 비온 후에는 흙탕물이 많이 유입되어 조황이 나빠진다.

가는 길
중부내륙고속도로 문경새재나들목을 나가서 우회전, 34번 국도를 타고 문경으로 진행한다. 영강교 SK주유소 교차로에서 좌회전한 뒤 계속 예천 방면으로 진행하다가 농공단지를 지나 삼거리에서 SK주유소를 끼고 산북·단양 방면으로 좌회전, 59번 국도를 타고 19km 정도 진행한다. 수평삼거리에서 용문사 방면으로 우회전해 923번 지방도로를 타고 6km 정도 진행하면 길 왼쪽에 저수지가 두 개 나온다. 위의 것은 운암지고, 두 번째 나오는 아래쪽 저수지가 두인지다.

쌍지교 인근

폐가 앞

진입로 옆 중류 연안

위치
경북 예천군 용문면 내지리

유형
계곡형 저수지

면적
14만 5,000제곱미터(약 4만 3,800평)

포인트 개요

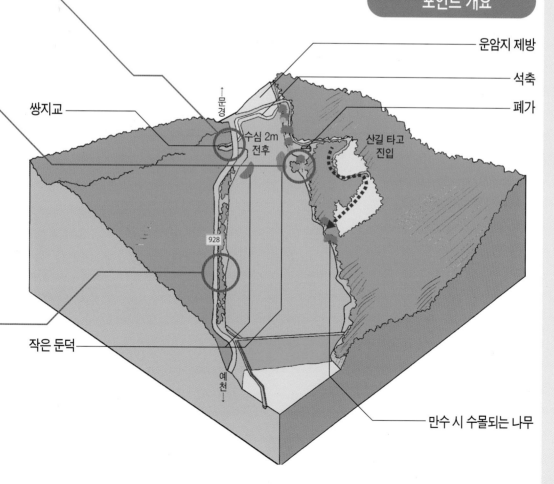

운암지 제방

석축

폐가

쌍지교

←문경

수심 2m 전후

산길 타고 진입

928

작은 둔덕

예천→

만수 시 수몰되는 나무

경북 예천
죽안지

18만 제곱미터 규모의 계곡형 저수지다. 죽안지는 인근 저수지와는 달리 씨알보다는 마릿수를 기대하는 낚시터. 저수지 연안을 따라 콘크리트 포장 도로가 나 있어 포인트 진입이 수월하다. 연안은 수초 없이 깨끗한 모래바닥인데다 경사도 급하지 않아 현지꾼들은 물론이고 외지꾼들도 많이 찾는다. 떡밥으로 수월하게 마릿수 입질을 받을 수 있어 주말이면 가족 단위 낚시꾼이 몰린다. 배스가 유입된 지 10년이 지났지만 아직 참붕어가 많이 서식하고 잔챙이 마릿수도 많다. 바닥에 말풀이 많아 밑걸림이 있다. 또 수시로 배수를 하니 참고할 것.

가는 길

중부내륙고속도로 문경새재나들목을 나가서 문경 방면으로 우회전, 3번 국도를 타고 계속 진행하다 불정1교 앞에서 3번 국도는 문경시내로 빠지고 예천 방면 34번 국도가 시작된다. 예천 방면으로 계속 진행하다가 개포면 풍년휴게소에서 오른쪽으로 국도를 빠져나가서 마을 앞에서 오른쪽 길로 들어선다. 이 도로를 따라서 유천면 방면으로 진행하다 유천슈퍼 앞 삼거리에서 죽안리 쪽으로 좌회전한 후 5km 정도 직진하면 죽안지 제방이 보인다.

제방 오른쪽 연안

제방 왼쪽 연안

낚시터정보

위치
경북 예천군 유천면 죽안리

유형
계곡형 소류지

면적
18만 제곱미터(약 5만 4,400평)

포인트 개요

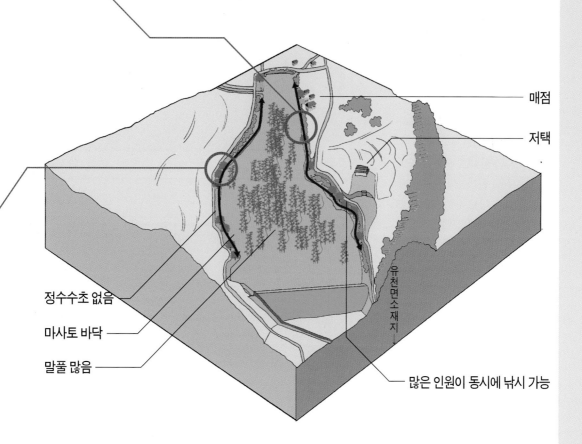

매점

저택

유천면소재지

정수수초 없음

마사토 바닥

말풀 많음

많은 인원이 동시에 낚시 가능

경북 예천
구계지

면적 1만 2,000제곱미터 규모의 평지형 소류지다. 외래어종 없는 월척터. 육식어종 개체수도 적어 서식 어종은 거의 붕어 또는 잉어다. 잡어가 없어 미끼 활용폭도 넓다. 글루텐, 옥수수는 물론 새우 미끼도 잘 먹힌다. 새우는 현장에서 채집이 가능하다. 주요 포인트는 제방 왼쪽 중류의 꺾인 부분과 상류 새물유입구 부근이다. 제방 왼쪽 포인트에는 수몰나무가 제법 많다. 논두렁 주위는 마름, 새물유입구는 부들이 자라 있어 한 저수지 안에서 다양한 포인트를 경험할 수 있다.

가는 길
중부내륙고속도로 문경새재나들목을 나가서 유천면 유천슈퍼 앞 교차로까지는 죽안지 가는 길과 같다. 유천슈퍼를 끼고 좌회전, 죽안리 쪽으로 3.5km 정도 진행하다 용문사 방면으로 우회전, 다시 4km 진행한다. 길 왼쪽 구계리 표석으로 보고 좌회전해 마을을 지나 야산 쪽으로 올라가면 구계지 제방이 보인다.

주요 포인트

상류 일대

중류 꺾어진 지점

고사목

낚시터정보

위치
경북 예천군 용문면 구계리

유형
평지형 저수지

면적
1만 2,000제곱미터(약 3,600평)

포인트 개요

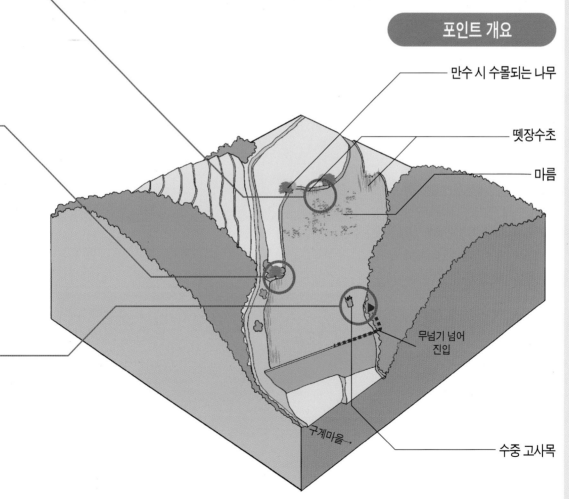

만수 시 수몰되는 나무

뗏장수초

마름

무넘기 넘어 진입

구계마을→

수중 고사목

경북 예천
광전지

수면적 6,600제곱미터 규모의 평지형 소류지다. 배스와 블루길이 서식하는 대형붕어터. 마릿수 생각은 아예 접어야 할 정도로 입질이 드물다. 현지꾼들에게도 터가 센 곳으로 알려져 있다. 초봄 해빙된 직후가 대형붕어 찬스. 밤낚시로 4짜급 대형붕어를 기대할 수 있다. 수초와 육초가 무성하고 빨리 자라는 편이어서 수초작업은 필수다. 늦여름부터 가을까지는 우렁이가 아주 많아 이놈들이 미끼를 갉아먹거나 목줄을 상하게 한다. 중류부터 논두렁을 따라 펼쳐진 부들밭 사이에 포인트가 있다.

가는 길

중앙고속도로 예천나들목을 나가서 좌회전, 298번 지방도로를 타고 예천읍 방면으로 진행한다. 예천공설운동장에서 남본리 쪽으로 좌회전한 후 예천교와 시외버스터미널, 법원 앞을 지나 읍내를 통과, 34번 국도로 진입한다. 1.5km 정도 진행하다 공항휴게소 맞은편에서 국도를 빠져나가 유천면사무소를 지난 후 보성카센터 앞에서 우회전, 유천중학교 간판을 보고 다시 우회전한다. 교문 앞에서 학교 왼쪽에 있는 언덕길로 진입, 언덕을 넘어 농로를 따라 내려가다 오른쪽 야산 밑을 돌아가면 광전지 상류에 닿는다.

주요 포인트

논두렁 앞

제방 왼쪽

제방 오른쪽

낚시터정보

위치
경북 예천군 유천면 고산리

유형
평지형 저수지

면적
6,600제곱미터(약 2,000평)

포인트 개요

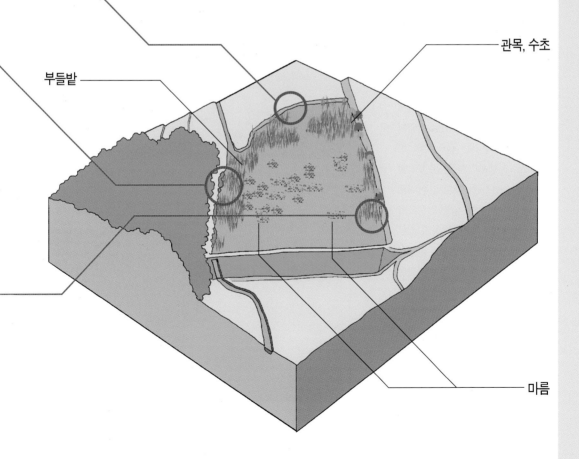

관목, 수초

부들밭

마름

경북 예천
이사지

면적 6,300제곱미터의 소류지다. 외래어종 없는 30cm 중반급 월척 명당. 현지꾼들은 물론이고, 외지꾼들에도 알려진 곳이다. 낮에는 잔챙이 입질이 잦지만 해진 후 잔챙이 입질 횟수는 줄고 월척급들이 움직이기 시작한다. 입질 받기 쉽지는 않다. 새우가 많이 서식하지만 가물치가 많아 새우보다는 옥수수, 메주콩 등 식물성 미끼가 주로 쓰인다. 현지꾼들에게는 흐린 날, 비오는 날 조황이 좋고 보름달이 뜨면 입질 못 받는 곳으로 알려져 있다. 마름이 많고, 상류에 부들밭이 이어져 있어 자리 잡기 좋다.

가는 길

중앙고속도로 예천나들목을 나가서 예천읍을 지나 34번 국도로 진입할 때까지는 광전지 가는 길과 같다. 문경 쪽으로 진행하다가 농공단지 앞 교차로에서 좌회전, 지보 방면으로 3.5km 진행하면 개포 방면 이정표가 보이는 삼거리가 나온다. 여기서 우회전, 개포 방면으로 2.5km 진행하다가 이사리 버스정류소 앞에서 좌회전 해 진입한다. 700m 정도 들어가면 이사지 제방이 보이며, 제방 왼쪽의 야산을 따라 난 언덕길을 올라가면 된다.

주요 포인트

상류 부들밭

제방 왼쪽

제방 오른쪽

낚시터정보

위치
경북 예천군 개포면 이사리

유형
준계곡형 저수지

면적
6,300제곱미터(약 1,900평)

포인트 개요

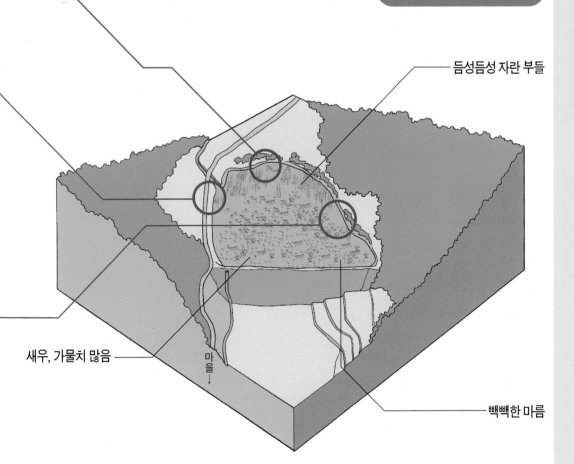

듬성듬성 자란 부들

새우, 가물치 많음

마을

빽빽한 마름

무동지 경북 예천군 용궁면 무이리

수면적 6,600제곱미터 규모의 평지형 소류지다. 연안 수심은 0.6~1m 정도. 작은 규모에 비해 체고 높고 힘 좋은 붕어가 많이 서식한다. 보통 한여름 평지형 저수지에서는 낚시가 잘 되지 않는 것으로 알려져 있지만 무동지 붕어는 이에 아랑곳하지 않고 묵직한 손맛을 꾼들에게 안겨 준다. 미끼는 새우와 옥수수.

원당지 경북 예천군 용궁면 무이리

수면적 1만 7,000제곱미터 규모의 소류지. 가을 특급 낚시터. 여름 동안 수면을 가득 메우는 개구리밥이 사라질 무렵부터 낚시가 잘 된다. 외래어종은 없고 붕어와 가물치가 주로 서식하는 깨끗한 토종붕어 낚시터. 새우와 참붕어를 미끼로 밤낚시를 하면 20cm 후반에서 턱걸이 월척까지 어렵지 않게 낚아낼 수 있다.

신풍지 경북 예천군 지보면 신풍리

약 5만 제곱미터 규모의 준계곡형 저수지. 전반적으로 수심이 깊고 물이 깨끗해서 지역 꾼들에게 사랑 받는 낚시터 중 한 곳이다. 계곡형 저수지답게 붕어의 당길 힘이 좋은 것이 특징이다. 주로 낚이는 붕어의 씨알은 25cm 전후급이지만 그 힘만큼은 여느 낚시터 월척 못지않다는 게 현지꾼들의 증언이다. 전통 바닥 채비보다는 옥수수 내림낚시가 효과적이다.

어신지 경북 예천군 지보면 어신리

수면적 2만 3000제곱미터 정도의 평지형 저수지. 인근에 '다암마을'이 있어 '다암지'라는 이름으로도 불리는 곳이다. 연안을 따라 갈대와 부들 말풀 마름 등의 다양한 수초가 분포하고 있어 붕어 서식 여건이 좋은 편이다. 그러다가 10여 년 전 유입된 배스 자원이 지금은 엄청나게 불어난 덕(?)에 최근에는 4짜급 이상 대형붕어터로 더 잘 알려져 있다.

구촌지 경북 예천군 지보면 도장리

수면적 9,900제곱미터 규모의 평지형 저수지다. 상류에 뗏장수초가 잘 깔려 있고, 중하류권에는 말풀과 마름, 뗏장수초 등이 고르게 분포해 있다. 양수형 저수지로 붕어와 가물치 자원이 많고, 5년 전부터는 배스도 확인되고 있다. 가물치와 배스 자원 덕(?)인지 여기서 낚이는 붕어의 씨알은 꽤 굵어서 4짜 중후반급도 심심찮게 출몰하곤 한다.

경상북도
경산

문천지·연지·흠실지·입지·천미지

대구광역시 남동쪽에 있는 경산시는 도시에서 가까운 거리에 풍부한 어자원을 품은 저수지가 많다. 경부고속도로와 대구에서 직통으로 연결되는 간선도로가 통과하기 때문에 교통도 편리하다. 경산의 현지꾼들은 물론 대구꾼들에게도 단골 출조지로 사랑받고 있는 곳이다. 외래어종이 유입된 대형붕어터의 비중이 많지만 잘 찾아보면 마릿수를 즐길 수 있는 저수지도 있다. 또 구릉지대기 때문에 평지형 저수지와 계곡형 저수지 모두 상당한 숫자를 자랑하고 소류지는 물론이고, 문천지로 대표되는 대형 저수지도 상당히 많다. 저수지 자체의 개수가 워낙 많기 때문에 선택의 폭도 그만큼 넓다.

낚시터 위치도

군위
909
IC
청통와촌나들목
영천시
천미지
909
919
풍락지
대미지
부지
대구-포항고속도로
소월지
우벌못
금호읍
37
경주
하주초등학교
4
흠실지
하양성당
대구가톨릭대학교
하양읍
대구대학교
경일대학교
초원아파트
부산
경산나들목
4
69
경산시
문천지
연지
북동지
경부고속도로
대구
서울
IC
919
진량읍
동자지
냉동창고
사라지
경산저수지
입지
한제지
일요낚시
대구컨트리클럽
부제지
새못
바느리못
69
먼못
N

경북 경산
문천지

수면적이 90만 제곱미터에 달하는 문천지는 경산권을 대표하는 대형 저수지다. 배스가 살고 있어 옥수수와 글루텐이 붕어낚시 주 미끼. 이중 글루텐이 더 잘 먹힌다고 한다. 문천지는 환경이 다른 3개의 골자리를 가지고 있다. 각각의 골자리 수면적은 웬만한 저수지보다 크다. 북쪽부터 차례로 첫 번째 골, 두 번째 골, 세 번째 골로 불린다. 이 중에서 붕어낚시 포인트로 꼽히는 곳은 두 번째 골과 세 번째 골 안쪽이다. 넓은 수련밭이 있는 세 번째 골은 가을 전용 포인트, 뗏장수초 위주의 두 번째 골은 봄 전용 포인트다. 각각 계절마다 많은 꾼들이 몰려 자리다툼이 심하다. 첫 번째 골은 시가지와 인접해 있어 낚시하기는 적합하지 않고 현지꾼들도 짬낚시터로만 생각하고 있다.

두번째 골 뗏장수초 봄 포인트

가는 길

경부고속도로 경산나들목을 나가서 진량 쪽으로 진입한다. 919번 지방도를 따라 계속 직진해 진량읍 시가지, 진량산업단지를 통과한다. 자인 방면으로 직진하다 문천리식당 앞에서 좌회전한 후 고속도로 굴다리 밑을 지나 700m 정도 진행하면 세 번째 골에 닿는다. 두 번째 골로 가기 위해서는 식당 앞에서 그대로 직진, 도로 끝 삼거리에서 대구대학교 방면으로 좌회전한다. 냉동창고를 지나 다리를 통해 고속도로를 건넌 다음 내리막길을 내려와 길 왼쪽 콘크리트 포장된 농로로 진입하면 된다.

세번째 골 가을 포인트

낚시터정보

위치
경북 경산시 진량읍 문천리

유형
평지형 저수지

면적
90만 제곱미터(약 27만 2,300평)

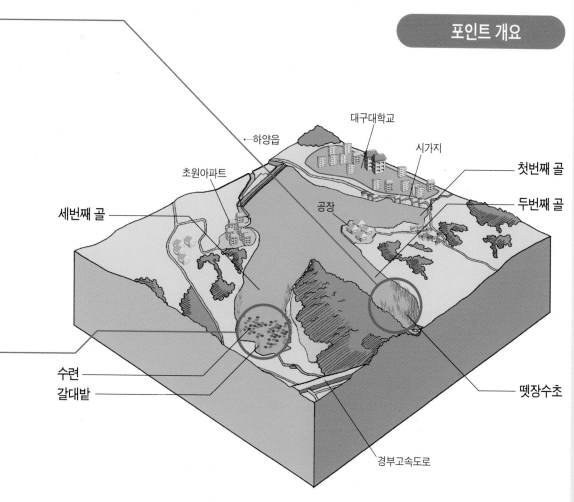

포인트 개요

←하양읍

대구대학교

시가지

초원아파트

첫번째 골

세번째 골

공장

두번째 골

수련

갈대밭

뗏장수초

경부고속도로

경북 경산

연지
(건흥못)

저수지 전체가 연으로 덮인 평지형 저수지다. 규모는 21만 제곱미터로 대형급에 속하지만 농업용수 공급 기능을 하고 있지 않아 배수하는 일은 드물다. 바닥에 퇴적물이 많이 쌓여 있다. 연중 조황이 가장 좋은 시기는 봄철 연잎이 피기 전까지다. 다른 저수지에 비해 수온이 빨리 오르기 때문에 비교적 시즌이 일찍 열린다. 늦가을부터 얼음이 얼기 전까지는 손맛을 볼 수 있다. 저수지 서쪽 갈대가 자란 곳을 빼면 모든 연안의 수심과 수초 등 낚시여건이 거의 같다. 진입로에서 가까운 무넘기 주변이 인기 있는 자리로, 미리 수초작업을 해놓은 곳이 많다. 생자리를 개척하려면 빽빽한 연잎을 걷어내는 수고를 감수해야 한다. 배스가 서식하는 대형붕어터다.

가는 길
경부고속도로 경산나들목을 나가서 919번 지방도를 따라 대구·경산 방면으로 진입한다. 나들목을 나간 후 첫 번째 신호등 앞에서 좌회전해 농로로 진입, 50m 정도 가면 연지에 도착한다.

주요 포인트

저수지 북쪽 제방

무넘기 주변 수초구멍

낚시터정보

위치
경북 경산시 진량읍 선화리

유형
평지형 저수지

면적
21만 제곱미터(약 6만 3,500평)

포인트 개요

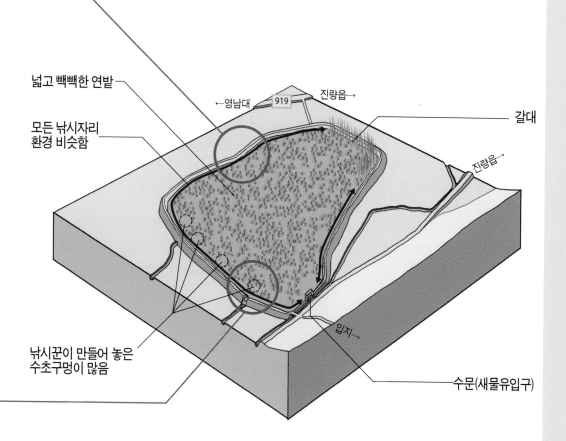

넓고 빽빽한 연밭

모든 낚시자리
환경 비슷함

낚시꾼이 만들어 놓은
수초구멍이 많음

←영남대   919   진량읍→

갈대

진량읍→

입지→

수문(새물유입구)

경북 경산
흠실지

경북 경산시 하양읍내에서 1km 정도 떨어져 있는 여름 붕어낚시터다. 시즌은 봄부터 시작되지만 본격적인 호황은 여름에 맛볼 수 있고, 추석까지 시즌이 이어진다. 면적은 2만 6,000제곱미터 규모이고, 배스가 서식한다. 진입하기 쉬운 도로변 포인트보다 건너편 연안에 낚시자리가 많고, 굵은 붕어가 잘 낚인다. 야산 밑 뗏장수초와 논둑 밑 부들밭이 주요 포인트로 꼽힌다.

가는 길

경부고속도로 경산나들목을 나가서 919번 지방도로를 따라 하양·진량 방면으로 진입한다. 진량고등학교 앞 삼거리에서 좌회전한 다음 하양읍 방면으로 진행한다. 하양읍에 진입해 919번 지방도로 이정표를 따라가다가 무학전기 앞 삼거리에서 좌회전, 무학중고등학교 앞을 지나 하주초등학교 앞까지 간다. 초등학교 앞을 지나면 삼거리가 나오는데, 여기서 좌회전해 마을 진입로를 따라 500m쯤 가면 길 왼쪽에 흠실지가 보인다.

주요 포인트

마을 앞 부들밭

제방 왼쪽 연안 뗏장수초대

진입로 주변

포인트 개요

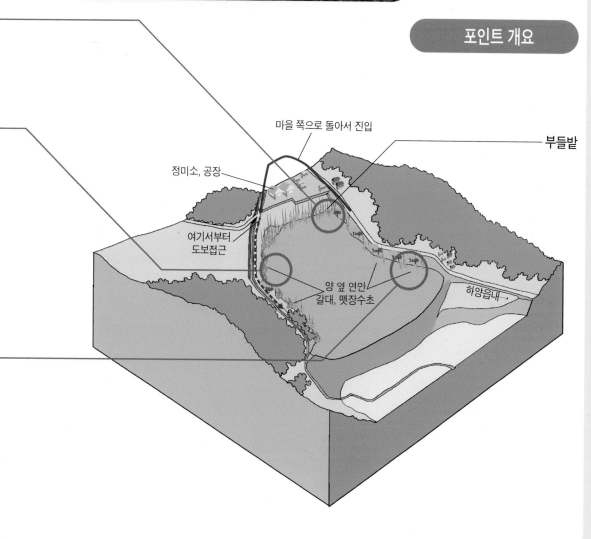

마을 쪽으로 돌아서 진입

부들밭

정미소, 공장

여기서부터
도보접근

양 옆 연안
갈대, 뗏장수초

하양읍내

경북 경산
입지

일제강점기 이전에 축조된, 아주 오래 된 저수지다. 면적은 5만 3,000제곱미터. 외래어종은 서식하지 않으며 연밭이 넓게 퍼져 있다. 제방 왼쪽 도로변과 함께 상류 과수원 주변 부들밭이 과거 인기 있는 포인트였다. 그러나 지금은 과수원 주변에 철제 펜스가 설치되어 낚싯대를 펼 수 없다. 게다가 10m 정도 상공에 고압 송전선이 지나가므로 위험하기까지 하다. 도로 맞은편 야산 밑에도 네 자리 정도 낚시할 곳이 있다. 수심 80cm 정도 되는 매우 얕은 포인트다.

가는 길

경산나들목을 나가서 919번 지방도를 따라 하양·진량 방면으로 진입한다. 다리 밑을 통과하자마자 바로 오른쪽 이면도로로 진입한 뒤 다시 우회전한다. 1km 정도 진행하면 오른쪽에 연지가 나온다. 여기서 좌회전해 언덕길로 들어간다. 600m 정도 가면 입지에 도착한다.

공장 앞

제방 오른쪽 연안

낚시터정보

위치
경북 경산시 진량읍 선화리

유형
평지형 저수지

면적
5만 3,000제곱미터(약 1만 6,000평)

포인트 개요

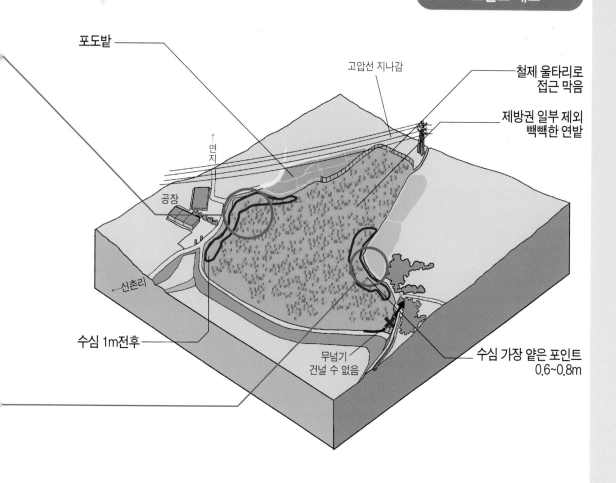

포도밭

고압선 지나감

철제 울타리로
접근 막음

제방권 일부 제외
빽빽한 연밭

연지

공장

신촌리

수심 1m전후

무넘기
건널 수 없음

수심 가장 얕은 포인트
0.6~0.8m

경북 경산
천미지
(세미골못)

정식명칭은 '천미지'이지만 현지꾼들에게는 '세미골못' 또는 '들못'으로 통한다. 자리별로 큰 편차 없이 고른 조황을 보이며 자원도 풍부해서 주말이면 많은 꾼들이 찾는 곳이다. 수면적은 3만 9,000제곱미터이고, 제방 주위를 제외한 전역에 연밭이 퍼져있다. 어자원은 풍부하지만 저수지 진입로 끝에 공장과 물류창고가 있어 트럭 출입이 잦다는 게 흠이다. 상류 새물유입구나 도로 맞은편 야산 밑으로 가면 조용하게 낚시를 즐길 수 있다. 새물유입구 부근에 준설한 곳이 있다.

가는 길

대구-포항 간 고속도로 청통와촌나들목을 나가서 919번 지방도를 따라 와촌 방면으로 진입한다. 1km 정도 진행한 다음 길 왼쪽 흑돼지숯불갈비 식당과 철물점을 보고 좌회전, 샛길로 들어간다. 계전1교 앞에서 오른쪽으로 빠져 수로변 길을 따라 내려가다 다음 번 나오는 다리 앞에서 좌회전, 상암교를 건넌다. 다리 건너 1km 정도 진행하면 길 왼쪽에 보현노인요양원 간판이 보인다. 여기서 좌회전해 200m 정도 진입하면 길 왼쪽에 천미지가 있다.

주요 포인트

도로변

상류 준설한 곳

야산 밑

낚시터정보

위치
경북 경산시 와촌면 상암리

유형
평지형 저수지

면적
3만 9,000제곱미터(약 1만 1,800평)

포인트 개요

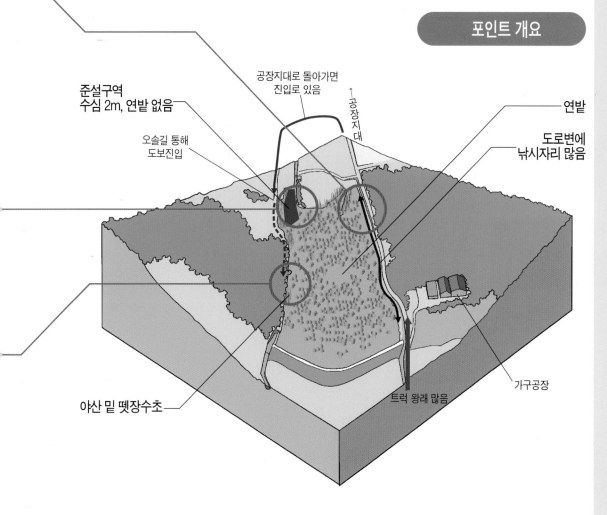

준설구역
수심 2m, 연밭 없음

공장지대로 돌아가면
진입로 있음

↑
공
장
지
대

연밭

오솔길 통해
도보진입

도로변에
낚시자리 많음

가구공장

트럭 왕래 많음

야산 밑 뗏장수초

반곡지 경북 경산시 남산면 반곡리

2008년 준설을 한 수면적 2만 1,000 제곱미터 전후의 아담한 저수지. 바닥은 청석과 사질토로 돼 있다. 배스자원이 많아지면서 지금은 잔챙이급 붕어는 만날 수 없었다. 상류 양식장에서 흘러든 메 기도 지렁이 미끼 등 동물성 미끼에 잘 낚인다. 이 때문에 제대로 붕어를 노리려면 아무래도 옥수수 가 무난한 미끼다. 수심은 연안 뗏장수초 언저리가 1.5m 전후.

신제지 경북 경산시 진량읍 신제리

대구경북꾼들에게는 '신제새못'으로 통하는 수면적 13만 2,000제곱미터 규모의 평지형 저수지다. 오래 전 배스가 유입된 후 잔챙이 붕어의 개체수가 급격히 줄어든 반면 월척급 이상 대형붕어의 입 질이 잦은 곳이다. 동물성 미끼보다는 곡물류 고형 미끼(건탄떡밥 등)나 옥수수, 메주콩 등의 미끼가 잘 듣는다. 만약 새우를 쓰겠다면 아예 죽은 새우가 낫다.

연하지 경북 경산시 자인면 연하리

자인면소재지에 있는 평지형 저수지다. 여름 시즌 때는 전 수면이 거의 연으로 덮이기 때문에 초봄 과 늦가을 무렵이 연하지 낚시 시즌이다. 경산 시내와 가깝고 길가에 있기 때문인지 수질이 좋지는 않다. 그러나 이런 곳이 붕어 서식에는 더 없이 좋은 환경이다. 상류에는 부들이 잘 발달해 있다. 미 끼는 새우와 메주콩 옥수수 등이 잘 듣는다.

효막지 경북 경산시 진량읍 안촌리

3만 3,000제곱미터 규모의 저수지다. 서식어종은 토종붕어를 비롯해 가물치와 잉어 등이 있다. 낮 낚시를 즐길 수 있는 자리와 밤낚시를 할 수 있는 자리가 구분되어 있다. 잔챙이라도 마릿수를 원한 다면 중류 이하 제방권에, 씨알급을 노리는 밤낚시를 생각한다면 상류 부들밭과 드문드문 이어진 연안의 뗏장수초군, 그리고 물수세미 속을 노려야 한다.

갈밭골지 경북 경산시 와촌면 소월리

진입로가 험한 산속 소류지다. 도로가 끝나는 과수원 입구에 주차한 후 산길을 따라 걸어 들어가야 한다. 주차공간이 좁고 낚시자리가 협소하다. 제방 왼쪽 연안 일대에는 아름드리들이 물속에 잠겨있 어 붕어의 훌륭한 은신처 역할을 하고 있다. 수몰나무의 정면에 잘 자라있는 부들 밭을 노리면 월척 입질을 받을 수 있다. 미끼는 메주콩과 새우.

전라남도 장성

죽산지·성산지·덕산지·통안지·송계2지

호남고속도로를 타고 전라남도로 넘어가면 산과 들은 남도의 색을 물씬 풍긴다. 이 색은 붕어꾼들, 특히 겨울철 물낚시터를 찾아다니는 꾼들에게는 반갑기 그지없는 색이다. 동네 어귀, 논밭 가운데, 마을 뒤 야산 골짜기에 그야말로 촘촘히 박힌 소류지, 드넓은 평지형 저수지 등 선택할 수 있는 폭이 매우 넓다. 따라서 장성은 남도 붕어낚시의 첨병이라고 할 수 있다.

낚시터 위치도

죽산지

수면적 2만 5,000제곱미터 규모의 평지형 저수지다. 부들, 갈대, 연, 마름 등 온갖 종류의 수초가 한데 어우러져 있다. 여름에는 수면 전체가 연과 부들, 갈대로 뒤덮여 있다가 늦가을 연잎이 삭으면서 수면이 드러난다. 갈대, 부들밭이 빽빽한 중상류는 가을에도 자리 찾기가 쉽지 않다. 주로 연밭이 있는 제방 인근에서 낚시를 한다. 퇴적물이 많아 수심은 평균 0.7~1m 전후이지만 무넘기 주변은 물길을 내기 위해 준설 작업을 해서 수심이 3m 정도로 깊은 편이다. 붕어는 최대 4짜급이 확인됐고, 외래어종이 서식하지 않아 마릿수 또한 풍부하다. 수초치기를 해도 좋다.

가는 길

광주광역시 광산구 영광통사거리에서 영광 가는 22번 국도를 따라 간다. 광주 시가지를 벗어나 삼도교차로에서 국도를 빠져나간 뒤 도덕동 버스정류장 앞에서 우회전, 이어 양송천묘역·만취정을 가리키는 이정표를 보고 좌회전한다. 양송천묘역 입구를 지나 작은 마을을 통과하면 바로 좌회전해 다리를 건넌 다음 수성마을 앞에서 우회전, 3km 진행하다 길 왼쪽 연정농장 이정표를 보고 좌회전한다. 농로를 따라 500m 정도 들어가면 죽산지에 도착한다.

중~상류

무넘기 주변

제방권

위치
전남 장성군 삼서면 금산리

유형
평지형 저수지

면적
2만 5,000제곱미터(약 7,600평)

포인트 개요

갈대·부들밭

준설구역
수심 3~4m

연밭
수심 0.7~1m

무넘기

낚시구간

전남 장성
성산지

수면적 2만 4,000제곱미터 규모의 준계곡형 저수지다. 2013년 봄 4짜가 나왔던 곳으로 월척 자원이 아주 많다. 봄부터 늦가을까지 꾸준한 조황을 유지하며 주로 제방 오른쪽 상류 소나무 밑 뗏장수초대와 상류 연안의 부들밭, 그리고 제방 왼쪽 골창 부들밭에 포인트가 형성된다. 외래어종이 없고 잡어 성화가 적다는 것이 큰 장점이다. 산란기에 폭발적인 마릿수를 기대할 수 있다. 참붕어 미끼가 잘 먹힌다.

가는 길

호남고속도로 장성나들목을 나가서 함평·장성 방면으로 우회전한 뒤 바로 24번 국도로 진입해 함평·해보 방면으로 향한다. 옥천사거리에서 국도를 빠져나가 우회전, 곧장 나오는 사거리에서 좌회전해 500m 정도 진행하면 길 왼쪽에 검은 비석이 보인다. 여기서 좌회전, 굴다리를 통과한 뒤 언덕길을 400m 정도 올라가면 성산지 상류에 닿는다.

주요 포인트

상류 뗏장수초

제방 오른쪽

왼쪽 골창

낚시터정보

위치
전남 장성군 삼계면 발산리

유형
준계곡형 저수지

면적
2만 4,000제곱미터(약 7,300평)

포인트 개요

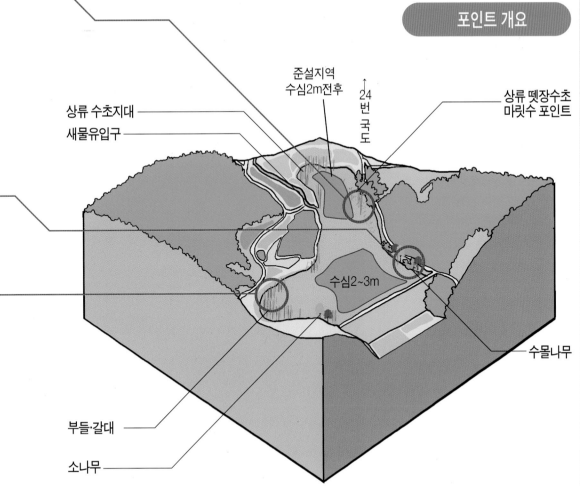

준설지역
수심2m전후

24
번
국
도

상류 수초지대

새물유입구

상류 뗏장수초
마릿수 포인트

수심2~3m

수몰나무

부들·갈대

소나무

전남 장성
덕산지

수면적 3만 제곱미터 규모의 평지형 저수지다. 배스와 블루길이 서식하는 곳으로 옥수수 내림낚시를 하기 알맞다. 연안에는 수초가 별로 눈에 띄지 않지만 여름에는 마름이 수면을 뒤덮는다. 수면까지 비스듬히 내려가는 연안 경사는 30~40도 정도로 가파르다. 평지형 저수지이지만 수심이 비교적 깊은 편이라 갈수기에도 낚시하기 충분한 수심을 유지한다. 다만 주요 포인트인 최상류 인근과 제방 오른쪽 골창은 얕고 경사가 완만해 물이 빠지면 바닥을 드러낸다.

가는 길

호남고속도로 장성나들목을 나가서 함평·장성 방면으로 우회전한 뒤 바로 24번 국도로 진입해 함평·해보 방면으로 향한다. 동화교차로에서 국도를 벗어나 나주·광주 방면 49번 도로를 타고 3km 진행, 월산교차로에서 고가도로를 내려와 우회전한다. 푸른솔골프장 방면으로 1km 진행한 다음 734번 지방도를 가리키는 표지판을 보고 좌회전해 다리를 건넌 뒤 바로 우회전해 734번 지방도를 타고 임곡 방면으로 가다 구룡리 사거리에서 송계리 방면으로 좌회전, 1km 정도 더 들어가면 덕산지 제방이 보인다.

연안 사면

제방 오른쪽 골창

낚시터정보

위치
전남 장성군 동화면 구룡리

유형
준계곡형 저수지

면적
3만 제곱미터(약 9,000평)

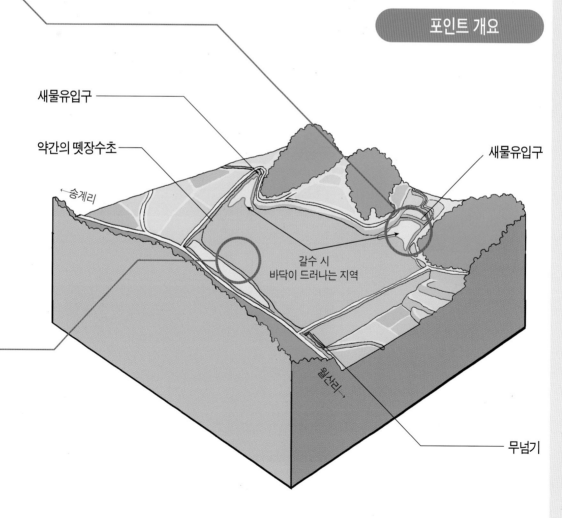

포인트 개요

새물유입구

약간의 뗏장수초

송계리

갈수 시
바닥이 드러나는 지역

새물유입구

무넘기

전남 장성
통안지

수면적 8,800제곱미터 규모의 평지형 소류지다. 상류 연안은 2개의 골자리로 나뉘어 있고 수초로 빼곡하게 들어차 있다. 수초대 밖에는 연밭이 있다. 골창 안쪽으로 진입하면 수초밭과 연밭 사이에 찌를 세울 수 있는 공간이 있다. 바닥에 수초줄기 등 침전물이 많아 깨끗한 바닥을 찾으려면 꽤 공을 들여야 한다. 외래어종은 없고 가물치가 많이 서식한다. 옥수수 미끼가 잘 먹히므로 옥수수 내림낚시도 권할 만하다.

가는 길
호남고속도로 장성나들목을 나가서 24번 국도를 타고 함평·해보 방면으로 진행하다가 동화분기점을 지나 바로 구림·남벌 이정표를 보고 국도를 빠져나온다. 고가도로를 내려와 우회전한 뒤 길 오른쪽 전봇대 위에 달린 구림로 이정표를 보고 우회전, 야산 밑을 돌아 1km 정도 진행하면 길 오른쪽에 통안지가 있다.

주요 포인트

골창

연밭

무넘기 주변

포인트 개요

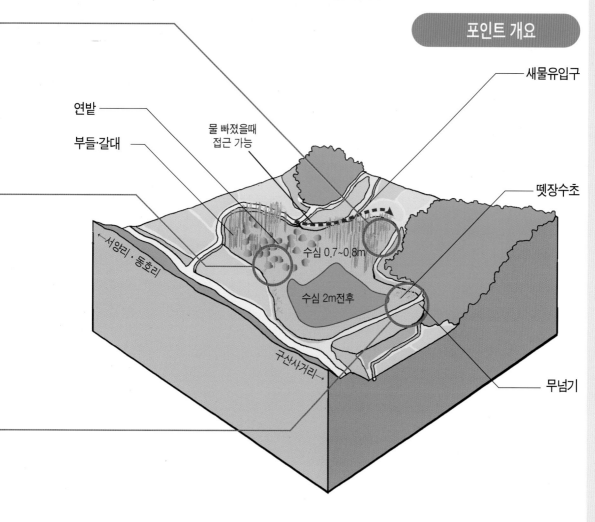

새물유입구

연밭

부들·갈대

물 빠졌을때
접근 가능

뗏장수초

←서양리·동호리

수심 0.7~0.8m

수심 2m전후

구산사거리→

무넘기

전남 장성
송계 1, 2지

송계1지는 3,000제곱미터, 송계2지는 5,000제곱미터 규모. 송계2지가 약간 더 크다. 400m 간격을 두고 떨어져 있는 두 저수지는 모두 연밭으로 형성돼 있다.

송계1지는 3,000제곱미터 규모의 계곡지로 2명 정도 낚시하기 알맞다. 최상류 일부분에 연밭이 있으며, 수심은 1m 전후다. 저수지 규모가 작아 갈수기에는 자주 바닥을 드러낸다.

송계2지는 5,000제곱미터 규모로 논밭 한가운데 있는 평지형 저수지다. 제방권 일부를 제외한 모든 수면이 연으로 빽빽하게 들어찬다. 따라서 초봄과 늦가을이 낚시 적기. 면적에 비해 붕어자원은 풍부하다. 물이 맑아지는 한겨울에는 수면 아래 돌아다니는 붕어와 잉어를 육안으로 확인할 수 있다. 수심은 연밭이 0.9~1m, 수면이 드러난 곳은 1.5~2m 정도로 고른 편이다.

가는 길

앞서 설명한 덕산지를 지나 송계리 방면으로 2km 더 들어가면 송계리 마을이 나온다. 마을을 지나면 길 오른쪽에 보이는 연밭과 부들로 덮인 작은 저수지가 송계2지다. 송계마을 노인회관을 끼고 우회전해 들어가 마을 옆을 지난 뒤 처음 나오는 삼거리에서 우회전, 농로를 따라 50m 정도 언덕길을 올라가면 송계1지 제방이 보인다.

송계1지 연밭

송계2지 연밭

낚시터정보

위치
전남 장성군 동화면 송계리

유형
송계1지 : 계곡형 저수지
송계2지 : 평지형 저수지

면적
송계1지 : 3,000제곱미터(약 900평)
송계2지 : 5,000제곱미터(약 1,500평)

포인트 개요

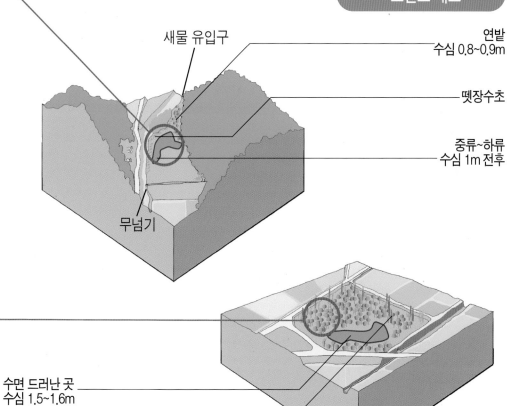

새물 유입구

연밭
수심 0.8~0.9m

뗏장수초

중류~하류
수심 1m 전후

무넘기

수면 드러난 곳
수심 1.5~1.6m

연밭
수심 0.6~1m

보생지 전남 장성군 삼서면 보생리

수면적 6,200제곱미터 규모의 저수지. 상류에는 꽤 넓은 수초밭이 있고, 중류부터 바닥이 급격히 꺾여 직벽에 가까운 경사를 보인다. 3칸 대 기준 수심은 2~2.5m. 사방이 숲으로 둘러싸여 있어 웬만한 비에는 황톳물이 들지 않는다. 가물치가 있으며 배스나 블루길은 없다. 생미끼 밤낚시를 하면 가끔 가물치가 덤벼든다.

석마지 전남 장성군 삼서면 금산리

수면적 1만 2,000제곱미터 규모의 평지형 저수지. 연안 구석구석 부들이 넓게 자라고, 마름이 빽빽하게 수면을 뒤덮는다. 메기 자원이 많아 붕어낚시를 할 때는 동물성 미끼보다는 옥수수나 떡밥을 쓰는 게 낫다. 포인트는 최상류 새물유입구 부근의 부들밭. 석마지 바로 앞까지 콘크리트 포장도로가 있어 접근은 어렵지 않다.

신기지 전남 장성군 삼계면 신기리

신기지는 오래 전 새마을 양식계가 있던 시절 마을주민들에 의해 양식장으로 관리되었던 곳이다. 수면적은 3만 3,000제곱미터. 이웃 대형지인 함동지에 가려져 있는 곳이다. 지렁이만으로도 충분히 마릿수 재미를 볼 수 있는 곳. 떡밥도 좋고, 상류 논둑이 포인트다. 추수가 끝난 후 조황이 좋은 편이다.

신안지 전남 장성군 남면 덕성리

1940년에 만들어진 4만 제곱미터 규모의 저수지다. 광주광역시 시내에서 20분이면 채비를 내릴 수 있는 근접성이 좋아 광주꾼들이 즐겨 찾는다. 1970년대에 마을 양식계에서 양어를 했던 곳. 여름이 지나면 하류 일대에 연이 무성하게 자란다. 제방권과 연 주위에서 낚시가 가능하다. 상류 일대의 말풀지대 등에서 잦은 입질을 보인다.

마흥지 전남 장성군 남면 분향리

현지에서는 '못제'라는 이름으로 불린다. 연안에 뗏장수초가 잘 깔려있고, 상류에는 갈대와 줄풀, 그리고 바닥에는 마름이 자란다. 이런 수초 구멍 사이로 채비를 내리면 금방이라도 붕어가 덥석 물어줄 것 같은 곳이다. 연안 수심은 생각보다 깊다. 바로 발 아래 채비를 내려도 바닥까지 2m가 넘는다. 미끼는 새우와 참붕어.

전라남도
나주

형제지·우심지·석천지·송암지·신원지

나주는 전남권에서 가장 먼저 외래 어종이 유입된 곳이다. 일부 낚시터는 꾼들의 외면을 받았지만, 대도시인 광주 인근에 있어 붕어낚시터로서의 인기는 지금도 유지하고 있다. 또 외래어종이 유입된 낚시터에서의 붕어낚시 해법이 개발되면서 많은 낚시터들이 대형붕어터로 재조명받고 있다. 수도권꾼들에게는 아무래도 '겨울에도 물낚시, 밤낚시를 즐길 수 있다'는 게 가장 큰 메리트로 다가온다. 충청도 이북에서 얼음낚시가 한창일 때 여기서는 살얼음을 깨고 물낚시를 하는 재미가 쏠쏠하다. 저수지에서 손맛을 본 후 동네 어귀 어느 허름한 식당에 들러 남도 백반을 맛보는 것도 권할 만하다.

낚시터 위치도

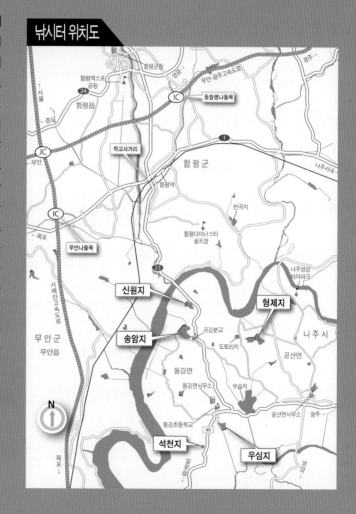

전남 나주
형제지
(형님방죽)

두 개의 저수지가 나란히 붙어 있어 형제지라고 불리는 곳이다. 동쪽 저수지를 아랫저수지 또는 동생방죽이라 부르고, 서쪽 저수지를 윗저수지, 또는 형님방죽이라 부른다. 여기에 소개하는 곳은 8만 5,000제곱미터 규모의 윗저수지(형님방죽)다. 윗저수지는 연밭이 전체 수면의 3/4 정도를 덮고 있다. 보트낚시 전용터로 알려져 있지만 연안 대낚시를 해도 괜찮은 조과를 기대할 수 있다. 붕어 자원이 많으며 배스는 서식하지 않고 가물치가 많다. 미끼는 새우가 잘 통한다.

가는 길

서해안고속도로 무안나들목이나 무안-광주고속도로 동함평나들목을 통해 함평역 앞 학교사거리까지 간다. 학교사거리에서 23번 국도 동강·영암 방면으로 향한 뒤 8km 정도 진행, 양지교차로에서 나주영상테마파크 이정표를 보고 좌회전한다. 1.5km 떨어진 삼거리에서 다시 나주영상테마파크 이정표를 보고 좌회전, 1km 남짓 가면 삼거리가 나온다. 중포리 마을로 들어가는 왼쪽 길을 따라가다 보면 길 왼쪽에 형제지가 보인다.

주요 포인트

연밭 포인트

상류 수초 포인트

낚시터정보

위치
전남 나주시 공산면 중포리

유형
평지형 저수지

면적
8만 5,000제곱미터(약 2만 5,700평)

포인트 개요

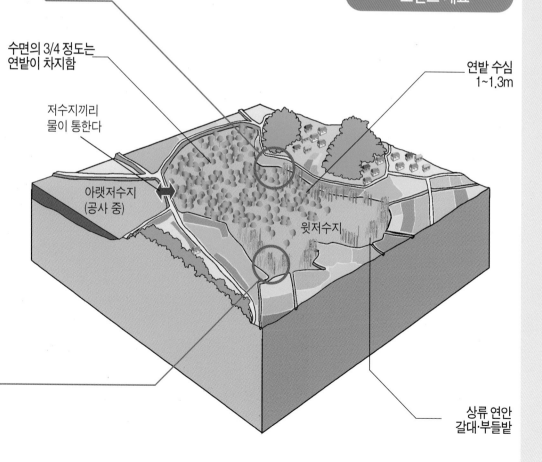

수면의 3/4 정도는
연밭이 차지함

저수지끼리
물이 통한다

연밭 수심
1~1.3m

아랫저수지
(공사 중)

윗저수지

상류 연안
갈대·부들밭

전남 나주
송암지
(월송지)

만수면적 18만 5,000제곱미터에 달하는 꽤 큰 평지형 저수지다. 배스와 블루길이 많고 루어낚시꾼들의 발길도 잦은 곳이다. 규모가 크고 자원이 많아 붕어 개체수 또한 만만치 않다. 4짜 이상 붕어가 많고 옥수수가 잘 통하는, 배스가 유입된 대규모 저수지의 전형적 특성을 보이는 저수지다. 제방 양쪽 연안과 골창마다 넓은 연밭이 자리 잡고 있어 보트낚시와 연안 대낚시의 주요 포인트가 된다. 초봄과 늦가을에는 상류 연밭, 특히 월송리 마을회관 앞에서 좋은 조황을 보인다. 겨울에는 주로 제방 인근에서 낚시가 잘 된다.

가는 길
함평역 앞 학교교차로에서 23번 국도를 타고 동강·영암 방면으로 진행, 동강대교를 건너 곡강분교장 앞에서 우회전해 교문 옆 샛길로 진입한다. 학교 옆을 지나 논밭을 만나는 곳에서 좌회전해 100m 정도 진입하면 송암지에 닿는다.

무넘기 주변 연밭

마을회관 앞 연밭

위치
전남 나주시 동강면 월송리

유형
평지형 저수지

면적
18만 5,000평(약 5만 6,000평)

포인트 개요

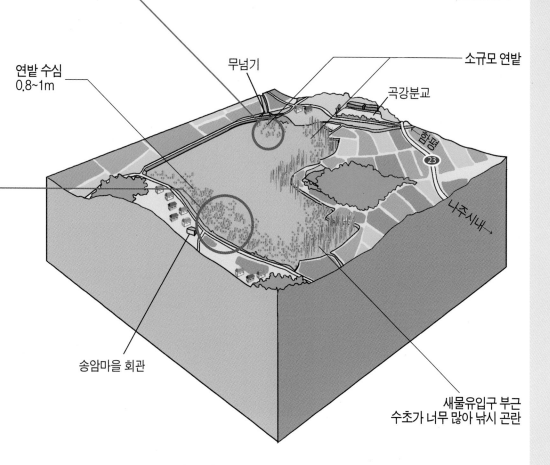

연밭 수심
0.8~1m

무넘기

소규모 연밭

곡강분교

영산강변

나주시내 →

송암마을 회관

새물유입구 부근
수초가 너무 많아 낚시 곤란

전남 나주
신원지

만수면적 7만 5,000제곱미터 규모의 평지형 저수지다. 수면적의 1/3정도 되는 상류 수초지대는 갖가지 정수수초들이 빽빽하게 들어차 있어 낚시가 불가능하다. 주요 포인트는 중류부터 제방까지 양쪽 연안이다. 제방 오른쪽 연안은 물가에서 2~3m 정도 떨어진 곳에 뗏장수초대가 이어져 있다. 이곳에서 붕어들의 길목을 노리는 것이 좋다. 무넘기 주위부터 제방 왼쪽 연안은 논두렁으로 둘러싸여 여름에는 접근이 곤란하다. 겨울에는 제방 가까운 뗏장수초와 제방 왼쪽 무넘기 부근 후미진 골창, 제방이 꺾어진 곳 주변의 수초지대가 포인트다.

가는 길
광주광역시에서 13번 국도를 타고 나주 시내를 거쳐 1번 국도를 이용하거나 서해안고속도로 무안나들목에서 광주·나주 방면으로 좌회전, 함평역 앞 학교교차로까지 간다. 학교교차로에서 23번 국도를 타고 동강·영암 방면으로 진행, 동강대교를 건넌 후 길 오른쪽 처음 보이는 민가를 끼고 우회전, 400m 정도 농로를 따라 진입하면 신원지 제방 앞에 닿는다.

주요 포인트

제방권 논두렁

제방 오른쪽 연안 뗏장수초대

낚시터정보

위치
전남 나주시 동강면 운산리

유형
평지형 저수지

면적
7만 5,000평(약 2만 2,700평)

포인트 개요

무넘기

진입로

← 함평

23

늪지화 된 최상류
낚시 곤란

뗏장 수초대

나주시내 →

연안에서 2~3m
떨어진 뗏장수초

진입로

전남 나주
우심지

5만 제곱미터 규모의 중형급 평지형 저수지다. 바닥에 퇴적물이 많이 쌓여 있고 수초가 빽빽해 자리를 마련하기 쉽지 않다. 수면 중간에 수초지대로 이루어진 수중섬이 있다. 이 수중섬에서 연안까지 수초지대가 이어진다. 자리를 잡기 쉬운 곳은 최상류 새물유입구 부근과 제방권이다. 연안 대낚시보다는 보트낚시를 하기 좋은 곳이다. 평균 수심은 제방권에서도 2m를 넘지 않을 정도로 아주 얕다.

가는 길

함평역 앞 학교사거리에서 23번 국도를 타고 동강·영암 방면으로 진행한다. 11km 정도 가서 동강면소재지 근처 후동사거리에서 오른쪽 세명공업사 정비소 방면으로 우회전해 면소재지로 진입한다. 동강초등학교 앞을 지나 길 왼쪽 동강제일약국을 보고 좌회전, 400m 정도 들어가면 우심지 상류에 닿는다.

제방 왼쪽 하류

제방 오른쪽 상류 수중섬 근처

낚시터정보

위치
전남 나주시 동강면 월양리

유형
평지형 저수지

면적
5만 제곱미터(약 1만 5,200평)

포인트 개요

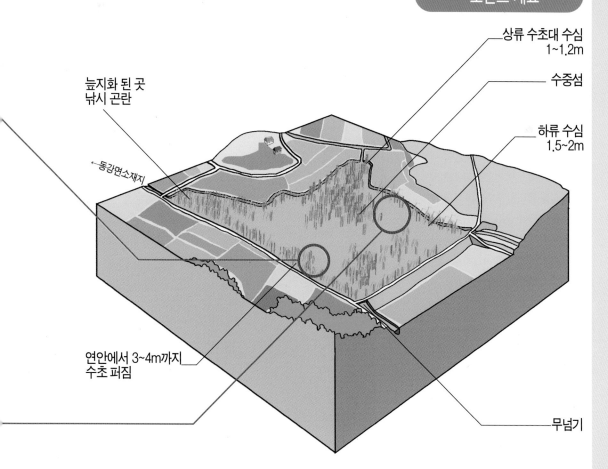

상류 수초대 수심
1~1.2m

수중섬

하류 수심
1.5~2m

늪지화 된 곳
낚시 곤란

←동강면소재지

연안에서 3~4m까지
수초 퍼짐

무넘기

전남 나주
석천지

앞서 소개한 우심지 인근에 자리한 1만 3,000제곱미터 규모의 아담한 소류지다. 야산과 논밭으로 둘러싸인 아늑한 지형에 자리 잡은 석천지는 연안 어디서나 고른 조황을 보이는 게 장점. 특히 상류 새물 유입구 부근의 갈대밭 주위와 제방 왼쪽 구석진 곳에서 좋은 씨알이 낚인다. 지난 2013년 제방 보강공사를 했다. 그러나 무넘기와 배수구 공사라 물을 뺀 적은 없다고 한다. 외래어종은 없고 가끔 가물치가 덤빈다.

가는 길

함평역 앞 학교사거리에서 23번 국도를 타고 동강·영암 방면으로 진행한다. 11km 정도 진행한 뒤 동강면소재지 근처 후동사거리에서 오른쪽 세명공업사 정비소 방면으로 우회전해 면소재지를 통과한 다음 49번 지방도를 따라 1.7km 정도 들어간다. 길 왼쪽 반사경과 버스정류장 간판이 보이는 곳에서 오른쪽 언덕길로 우회전해 올라가다 보면 길 왼쪽에 석천지가 보인다.

새물유입구 부근 갈대밭

제방 오른쪽 구석

위치
전남 나주시 동강면 월양리

유형
준계곡형 저수지

면적
1만 5,000제곱미터(약 4,500평)

포인트 개요

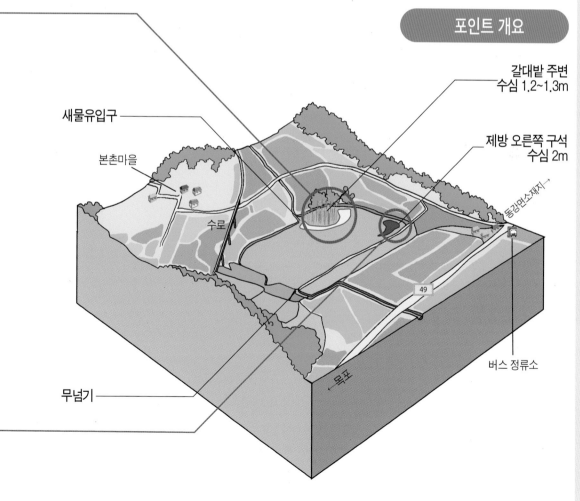

갈대밭 주변
수심 1.2~1.3m

제방 오른쪽 구석
수심 2m

새물유입구

본촌마을

수로

동강면소재지

목포

버스 정류소

무넘기

49

용곡지 전남 나주시 봉황면 용곡리

2013년 1월에 39cm 대형붕어가 낚인 곳. 한겨울에도 물이 얼지만 않으면 월척 손맛을 볼 수 있는 곳이다. 겨울 포인트는 제방 오른쪽 갈대밭이다. 20cm 중후반급 씨알은 낮낚시에도 마릿수로 낚인다. 월척 미끼는 참붕어와 새우. 현장채집이 가능하다. 입질 시간은 오전과 초저녁. 특히 밤 10시부터 자정 전후가 피크다.

노안2지 전남 나주시 노안면 영평리

광주광역시와 나주시의 경계에 위치한 5만 6,000제곱미터 규모의 평지형 저수지다. 인근 노안1지의 절반 정도 면적이다. 현지꾼들에게 가을 최고의 씨알터로 알려져 있다. 인근의 다른 저수지에 비해 수량이 풍부하고 규모가 커 배스, 블루길이 들어간 이후에도 꾼들의 발길이 꽤 잦은 곳이다. 포인트는 접근이 편하고 자리 잡기 쉬운 제방 오른쪽 상류 둑이다.

오정지 전남 나주시 노안면 오정리

1년 내내 갈수 상태를 유지하는 곳이다. 연안 수심은 1m를 넘지 않고 제방을 제외한 전 연안에 갈대와 부들밭이 펴져 있다. 인근 꾼들에게 쯤낚시터로 사랑받는 곳이다. 주로 접근하기 쉬운 제방 석축이나 제방 오른쪽 연안에 자리를 잡는 경우가 많다. 제방 건너편 연안은 부들과 갈대밭이 넓게 펴져 있다. 씨알급 입질을 기대할 수 있는 포인트다.

칠전지 전남 나주시 대호동

말풀과 마름이 빼곡하고, 바닥이 훤히 보일 정도로 물이 맑은 저수지다. 가끔 청태가 끼어 있어 어설퍼 보이지만 4짜급이 확인된 저수지다. 연안 수심은 1m 내외. 말풀 사이 구멍을 찾아 채비를 넣으면 의외로 바닥은 깨끗하다. 물색이 맑기 때문에 반드시 밤낚시를 해야 한다. 제방 오른쪽에 여러 사람이 휴식을 취할 수 있는 정자가 있다.

옥당지 전남 나주시 문평면 오룡리

수면적 2만 5,000제곱미터 정도의 아담한 준계곡형 저수지다. 붕어낚시 미끼는 옥수수, 글루텐, 떡밥, 지렁이 새우 순으로 잘 듣는다. 최근에는 옥수수 내림낚시가 대세다. 낚이는 붕어의 평균 씨알은 15~20cm 정도. 뗏장수초와 마름, 육초와 갈대, 부들이 잘 어우러진 대형붕어낚시터다. 배수가 잦은 게 흠이지만 타이밍만 잘 맞추면 확실한 손맛을 볼 수 있다.

전라남도
영암

학파 1호지 · 성양지 · 성산지 · 조감지 · 만수지

전남 영암은 낚시터 여건에 비해 찾는 낚시꾼이 비교적 적은 곳이다. 배스와 블루길이 퍼진 데다 호남 지역 민물꾼들의 대다수가 몰려 있는 광주에서 그다지 가까운 거리가 아니기 때문이다. 광주에서 출조하는 꾼들은 대개 가까운 나주나 함평, 영광, 장성으로 향하거나 외래어종을 피해 멀리 해남, 강진, 고흥, 신안을 찾는다.

하지만 직접 영암에 가서 낚시를 해본다면 생각이 바뀔 것이다. 영암 들판에 숱하게 박힌 저수지 속에는 외래어종과의 경쟁에서 살아남은 대형급 붕어들이 득실댄다. 특히 블루길이 활동을 시작하기 전인 이른 봄철은 영암에서 월척 파티를 벌일 수 있는 절호의 찬스다.

낚시터 위치도

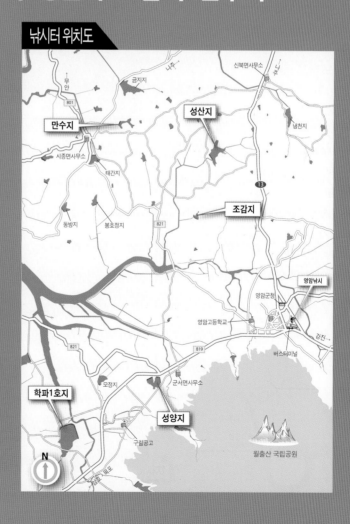

전남 영암
학파1호지

학파1호지는 72만 제곱미터 규모의 대형 저수지로, 배스와 블루길이 많이 서식하는 대형붕어터다. 영암군 저수지 중 외지꾼들에게 가장 널리 이름이 알려진 저수지다. 상류 일부 지역이 둑으로 분리돼 있다. 분리된 구역은 원래 갈수 상태였지만 2011년 무렵부터 저수지 수위가 상승, 물이 차오르며 산란기 1급 포인트로 바뀌었다. 제방 오른쪽 연안에 낚시자리가 많이 있고, 반대쪽 연안 마을 주변은 선호도가 떨어진다.

가는 길
영암읍 고속터미널 앞 사거리에서 819번 지방도 목포 방면으로 12km 정도 진행하다 용산교차로에서 서호 방면으로 우회전, 다리를 건너 마을을 지나면 학파지 상류에 닿는다. 목포 쪽에서 접근할 때는 2번 국도를 타고 삼호방조제를 건너 15km 진행하다 학산교차로에서 819번 지방도로 진입, 영암 방면으로 7km 정도 가면 용산교차로가 나온다. 그 이후는 앞서 말한 것과 같은 방법으로 접근한다.

제방 오른쪽 뗏장수초대

상류 둠벙 산란기 포인트

낚시터정보

위치
전남 영암군 서호면 엄길리

유형
평지형 저수지

면적
72만 제곱미터(약 21만 7,800평)

포인트 개요

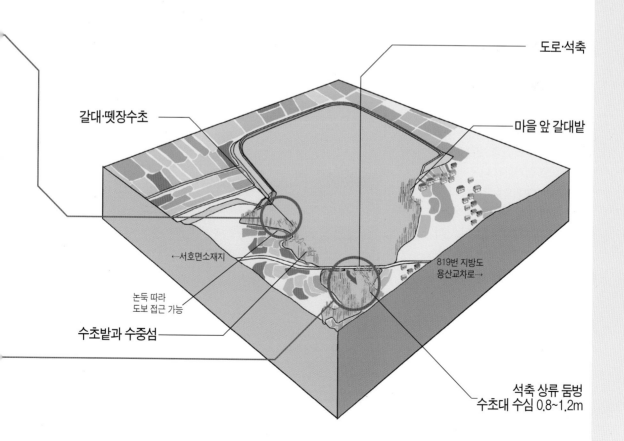

도로·석축

갈대·뗏장수초

마을 앞 갈대밭

←서호면소재지

819번 지방도
용산교차로→

논둑 따라
도보 접근 가능

수초밭과 수중섬

석축 상류 둠벙
수초대 수심 0.8~1.2m

전남 영암
성양지

성양지 붕어낚시 시즌은 연중 딱 한 철, 산란기다. 겨우내 갈수 상태를 보이다 봄에 월출산에서 내려오는 물이 고이면서 수위가 올라가면 상류 새물 유입구 부근에 포인트가 형성된다. 낚시 포인트 또한 새물 유입구 주위에 한정된다. 물이 빠져 바닥이 드러나면 두 개의 수면으로 갈라진다고 해서 '쌍방죽'이라고도 불린다. 계곡물이 유입되고 저수지 바닥에서 지하수가 솟아올라 물이 맑다. 배스와 블루길이 다수 서식한다. 한 번 걸면 30cm 중반을 훌쩍 넘는 대형붕어다.

가는 길

영암읍내 고속터미널 앞 삼거리에서 819번 지방도를 타고 목포·독천 방면으로 4km 정도 진행, 영암 영광교회를 지나면 삼거리가 나온다. 여기서 왼쪽 군서 방향으로 진입한다. 면사무소 앞을 지나 1km 더 들어가면 길 오른쪽에 성양지 수면이 보인다. '왕인식품' 입간판을 보고 우회전해 들어가면 상류 새물유입구 부근 낚시 포인트에 도착한다.

갈수 상태의 성양지

최상류 산란기 포인트

낚시터정보

위치
전남 영암군 군서면 성양리

유형
계곡형 저수지

면적
18만 400제곱미터(약 5만 4,600평)

포인트 개요

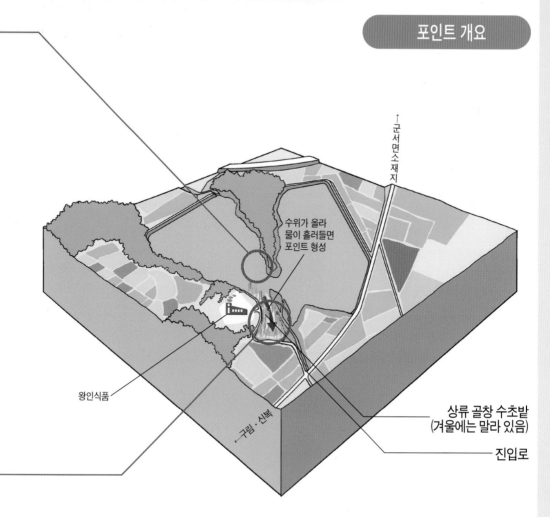

↑ 군서면소재지

수위가 올라
물이 흘러들면
포인트 형성

왕인식품

← 그림·신복

상류 골창 수초밭
(겨울에는 말라 있음)

진입로

전남 영암
성산지

성산지는 만수면적 26만 제곱미터 규모의 비교적 큰 저수지다. 학파1호지와 함께 자원이 풍부한 산란기 명당터로 손꼽힌다. 3개의 큰 골창으로 이루어져 삼지창 모양으로 생겼다. 제방을 기준으로 오른쪽 골창과 가운데 새물 유입구 부근이 1급 포인트다. 산란이 한창일 때 이곳을 찾으면 연안으로 몰린 붕어들이 수초대에 몸을 부비는 장관을 볼 수 있다. 본류를 넘어 상류 농수로까지 붕어들이 올라오기도 한다. 다만 포인트로 접근하기 힘들다는 게 흠. 가운데 골창은 자동차로 들어갈 수 있지만 길이 좁아 차를 세울 곳이 마땅찮다. 오른쪽 골은 도보로 들어가야 한다. 바닥에 침수수초가 많아서 바늘을 약간 띄우는 게 좋다.

가는 길
영암공설운동장 앞 영암교차로에서 13번 국도로 진입, 나주 방면으로 진행한다. 주암교차로에서 도포 방면으로 좌회전해 들어가 성덕마을 버스정류장에서 우회전, 마을을 지나 야산 밑 농로를 따라 1km 정도 진입하면 성산지 가운데 골창에 닿는다. 버스정류장에서 직진해 더 들어가다 축사 앞에서 오른쪽 농로로 빠져 진입한 다음, 길이 끝나는 곳에서부터 수로를 따라 200m 정도 걸어 들어가면 오른쪽 골 새물유입구로 갈 수 있다.

주요 포인트

인삼밭 근처 새물유입구

제방 오른쪽 골창 수초대

포인트 개요

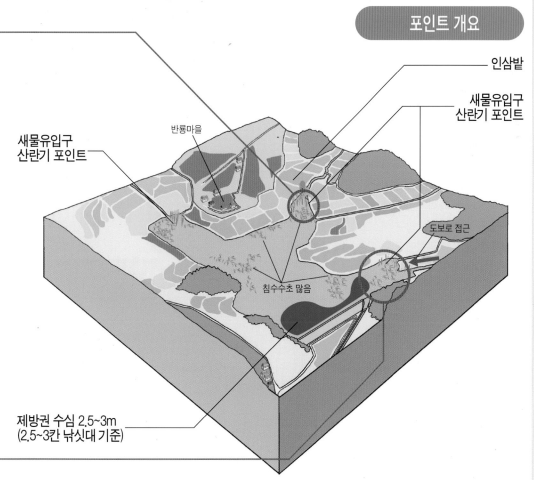

인삼밭

새물유입구
산란기 포인트

새물유입구
산란기 포인트

반룡마을

도보로 접근

침수수초 많음

제방권 수심 2.5~3m
(2.5~3칸 낚싯대 기준)

전남 영암
조감지

조감지는 11만 6,000제곱미터 규모의 평지형 저수지다. 작지 않은 규모지만 수면적의 약 80%가 연과 수초로 덮여 있다. 연안에 대를 펼 수 있는 곳은 제방 근처에 한정된다. 연잎이 피기 전이라면 보트낚시를 하기 알맞다. 근처의 다른 저수지들과는 달리 배스와 블루길이 없고 가물치가 많다. 준설 작업을 하지 않아 퇴적물이 많이 쌓여 있고, 수심은 제방권에서 1m 전후, 다른 곳은 60~80cm 정도로 아주 얕다. 배수를 거의 하지 않아 연중 물이 마르지 않고 겨울에도 낚시가 잘 된다.

가는 길

영암읍에서 13번 국도로 진입해 나주 방면으로 3.5km 진행, 청림삼거리에서 도포 방면으로 좌회전한다. 3km 정도 진행하면 선불마을 입구 버스 정류장을 지나 길 오른쪽에 연으로 덮인 조감지가 나온다.

주요 포인트

중류 갈대밭

제방 근처 연밭

낚시터정보

위치
전남 영암군 도포면 수산리

유형
평지형 저수지

면적
11만 6,000제곱미터(약 3만 5,000평)

포인트 개요

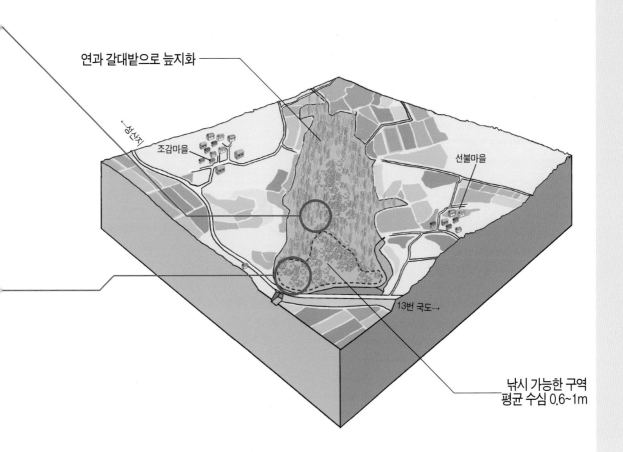

연과 갈대밭으로 늪지화

삼산지

조감마을

선불마을

13번 국도→

낚시 가능한 구역
평균 수심 0.6~1m

전남 영암
만수지

만수지는 수면적 7만 7,000제곱미터 규모의 오래된 중형 저수지다. 일제강점기 시절 축조되어 바닥에 퇴적물이 많이 쌓여 있다. 이는 영암군 내 중소규모 저수지들의 공통적인 특징이기도 하다. 하지만 수심이 그리 얕지는 않은 편이다. 상류는 1~1.2m, 제방권은 2.5~3m 정도를 유지한다. 배스와 블루길이 서식하지만 그 개체수는 많지 않다. 옥수수 내림낚시를 하기 적합한 곳이다. 씨알보다는 마릿수가 좋은 편이다. 상류에 늪지화 된 곳이 있어 가물치도 많이 서식한다.

가는 길

영암읍에서 영암고등학교 앞을 지나는 821번 지방도를 탄다. 시종 방면으로 13km 진행, 시종면소재지 내 시외버스터미널 앞에서 나주 방면으로 좌회전한 다음 800m 정도 진행하다 작은 농수로를 건넌 다음 바로 우회전한다. 수로변에 난 농로를 따라 700m 정도 진입하면 만수지 제방에 닿는다.

제방 왼쪽 골자리 상류

제방 오른쪽 상류

중앙 곶부리 수초대

낚시터정보

위치
전남 영암군 시종면 만수리

유형
평지형 저수지

면적
7만 7,000제곱미터(약 2만 3,000평)

포인트 개요

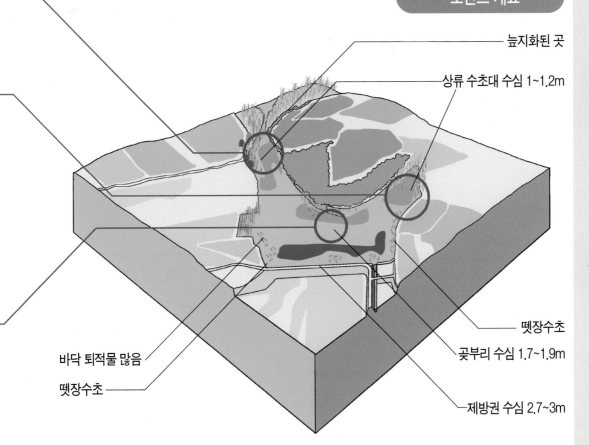

늪지화된 곳

상류 수초대 수심 1~1.2m

뗏장수초

곶부리 수심 1.7~1.9m

제방권 수심 2.7~3m

바닥 퇴적물 많음

뗏장수초

구산지 전남 영암군 시종면 구산리

시종면 일대에서 낚시터로 제법 이름이 알려진 곳이다. 도로가 나면서 상류 쪽 일부분이 별도의 소류지로 나누어졌다. 4짜급 이상은 드물지만 지렁이에 준월척 손맛을 볼 수 있다. 상류 쪽 소류지와 제방 왼쪽 연안은 도로가 나 있어 접근이 쉽다. 그러나 제방 오른쪽에서 상류 골창으로 이어지는 연안은 좁고 구불구불한 농로를 통해 접근 한 후, 다시 논두렁을 타고 들어가야 한다.

월롱지 전남 영암군 시종면 월롱리

수심이 1m 전후로 얕고 수련과 마름 등 온 수면에 수초가 밀생해 있어 여름에는 붕어가 연안으로 올라붙지 않는다. 또 이렇다 할 진입로가 없어 여름에는 수풀과 논두렁을 헤치고 나가야 하고, 자리 잡기도 쉽지 않다. 따라서 수초가 삭는 가을과 농사가 시작되기 전인 초봄에 조황이 좋다.

태간지 전남 영암군 시종면 태간리

한때는 관리형 유료터였지만 지금은 낚시터 영업을 하지 않는다. 사방으로 도로가 지나고 있기 때문에 접근하기는 편하다. 연안 전역에 뗏장수초와 부들이 자라고 있고 드문드문 마름이 눈에 띈다. 건물로 막혀 접근이 불가능한 일부분을 제외하면 어디에 자리를 잡아도 무방하다. 접근성에 비해 꾼들의 손을 별로 타지 않아 생자리 개척의 묘미도 있다.

봉호정지 전남 영암군 도포면 봉호리

넓은 연밭 저수지다. 퇴적물이 많이 쌓여 있어 제방 수심이 1.5m정도로 얕은 편이다. 상류 연밭 수심은 80cm 이내. 여름에는 연밭이 없는 제방 양쪽 연안 일부분에서만 낚시가 가능하다. 현지꾼들에게 짬낚시터로 사랑받고 있는 곳. 제방 부근이 가장 접근하기 쉽다. 상류 쪽은 마을 농로를 타고 들어간 뒤 논두렁을 통과해 포인트로 접근한다.

금지지 전남 영암군 시종면 금지리

수면적 38만 제곱미터 규모의 꽤 큰 저수지다. 2010년 봄 마릿수 월척이 터지면서 전국구 대형붕어터가 됐다. 포인트는 제방 왼쪽 골자리와 상류 새물 유입구 부근. 수심은 3칸대 기준 2.5m 정도로 깊다. 블루길 성화가 심해서 떡밥이나 지렁이와 함께 짝밥을 쓴다. 매년 봄과 여름 장마철 새물이 유입되고 나면 호황소식이 들린다.

전라남도 곡성

옥과천 신수교·옥과천 주산보·무창지·백련지·흑석지

전남 곡성의 거의 모든 저수지와 수로에는 배스와 블루길이 서식하고 있다. 곡성은 광주 근교와 마찬가지로 외래어종이 유입된 지 오래된 곳이다. 따라서 마릿수를 위한 낚시터보다는 '대형급 한 방' 위주의 낚시터가 대부분이다. 저수지보다는 강이나 수로 낚시터의 인기가 더 높다. 대형급 붕어와의 한 판 승부, 그리고 물살을 가르며 저항하는 강붕어의 힘. 원줄마저 위태로운 아슬아슬한 힘의 승부를 펼치고 싶다면 곡성 낚시터를 꼭 기억해 둬야 한다.

낚시터 위치도

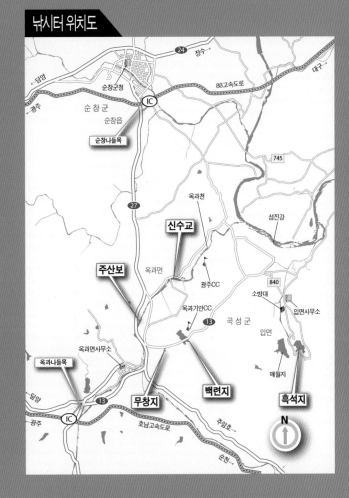

전남 곡성
옥과천 신수교

전북 남원의 강낚시터로 요천이 있다면, 전남 곡성에는 옥과천이 있다. 옥과천은 요천에 비하면 강폭이 좁은 편이지만 그래도 폭이 넓은 곳은 50m가 넘는, 꽤 규모가 큰 강낚시터다. 현지꾼들이 이 옥과천에서 가장 선호하는 곳이 바로 신수교 주변 보와 둠벙이다. 옥과천은 섬진강이나 요천에 비해 수초가 적고 연안이 깨끗한 편이지만 여기만큼은 넓은 부들과 갈대밭이 발달해 있어 가장 좋은 붕어낚시터로 꼽힌다. 블루길이 많고 수심이 얕아 밤낚시를 해야 씨알 굵은 붕어의 입질을 받을 수 있다. 주요 포인트는 신수교 교각 주변 수초밭과 신수교에서 하류 쪽 200m 거리에 있는 둠벙이다.

가는 길
광주대구고속도로(88올림픽고속도로) 순창나들목을 나가서 27번 국도를 따라 옥과·벌교 방면으로 진행한다. 6km 정도 가다가 주산삼거리에서 합강리 방면으로 우회전, 1km 진행하면 오른쪽에 신수교가 있다.

신수리 둠벙

신수교 주변

신수리보

낚시터정보

위치
전남 곡성군 옥과면 신수리

유형
수로

구간
신수리 일원, 약 1.3km

포인트 개요

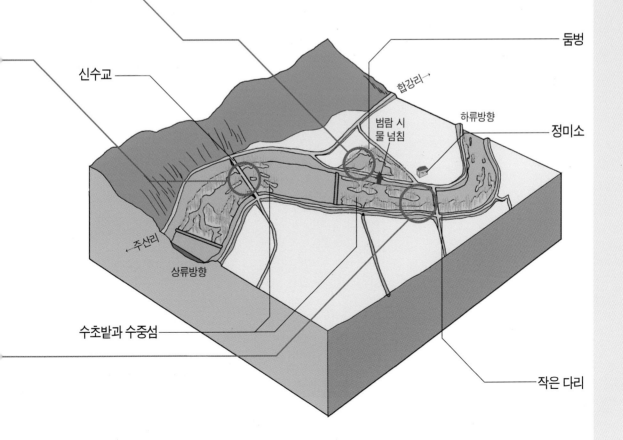

둠벙

합강리

하류방향

정미소

신수교

범람 시
물 넘침

주산리

상류방향

수초밭과 수중섬

작은 다리

전남 곡성
옥과천
주산보

옥과천에서 신수리 다음으로 꾼들의 선호도가 높은 곳이 바로 여기 주산보다. 신수교에서 상류 쪽으로 1.5km 올라가면 주산리 마을 앞에 보가 있는데 이것이 주산보다. 신수리보다 규모는 작지만 알찬 강붕어 낚시터로 꼽히는 곳이다. 낚이는 붕어 씨알은 최대 35cm까지 기대할 수 있다. 보 근처 갈대밭과 무창리 인근 갈대밭에 낚시할 수 있는 자리가 많다.

가는 길
광주대구고속도로(88올림픽고속도로) 순창나들목에서 주산삼거리까지는 신수교 가는 길과 같다. 주산삼거리에서 직진, 50m만 더 가면 주산교가 나온다. 다리를 건넌 후 우회전해 강둑길을 따라가면 상류 쪽으로 진입할 수 있다. 800m 정도 가면 주산보가 나온다.

주요 포인트

옥과천교 하류 보 근처

옥과천교 상류

위치
전남 곡성군 옥과면 주산리

유형
수로

구간
주산리 일원, 약 1km

포인트 개요

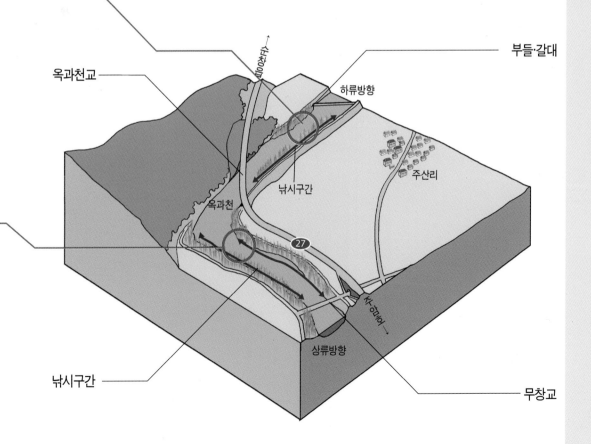

부들·갈대

옥과천교

하류방향

주산리

낚시구간

옥과천

27

낚시구간

상류방향

무창교

전남 곡성
무창지

곡성권에서 보기 드문, 외래어종이 없는 저수지다. 저수지 전체가 연밭으로 덮인 평지형 저수지로, 면적은 1만 9,000제곱미터 정도. 붕어는 물론 가물치와 잉어가 많고 한겨울에도 물만 얼지 않으면 붕어를 낚을 수 있는 곳이다. 참붕어 미끼가 잘 통하는 곳으로 알려져 있다. 그러나 조황 기복이 심해서 터가 센 편이다.

가는 길

광주대구고속도로(88올림픽고속도로) 순창나들목을 나가서 27번 국도를 따라 옥과·벌교 방면으로 진행, 주산교를 건너 무창리까지 간다. 무창교차로에서 좌회전, 13번 국도를 타고 입면 방향으로 700m 진행한 뒤 길가 이정표를 끼고 샛길로 우회전해 들어가면 무창지에 도착한다.

제방 오른쪽 연안

제방 왼쪽

낚시터정보

위치
전남 곡성군 옥과면 무창리

유형
평지형 저수지

면적
1만 9,000제곱미터(약 5,700평)

포인트 개요

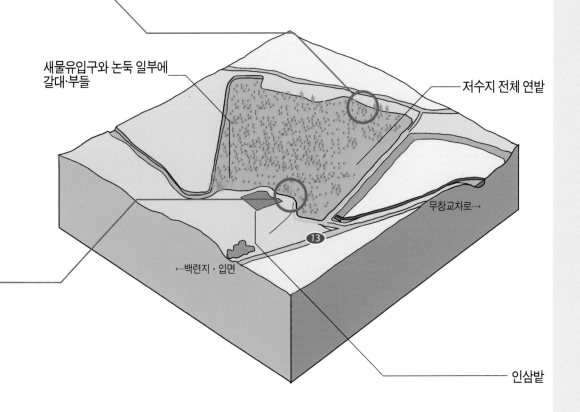

새물유입구와 논둑 일부에
갈대·부들

저수지 전체 연밭

무창교차로→

←백련지 · 입면

⑬

인삼밭

전남 곡성
백련지
(옥과쌍방죽)

수면적 11만 제곱미터 규모의 백련지는 옥과면 저수지 중에서는 꽤 큰 편에 속하는 평지형 저수지다. 도로 때문에 저수지가 둘로 나눠져 있어 현지꾼들 사이에서는 '쌍방죽'이라 불리고 있다. 인근의 다른 저수지들처럼 배스와 블루길이 많이 서식한다. 무엇보다 떡붕어가 많아 여름 중층낚시터로 인기가 높다. 바닥낚시 포인트는 상류 쪽 작은 방죽의 수초밭이 산란기 포인트로 꼽히고, 큰 방죽 쪽은 인삼밭 근처가 대형급을 노릴 수 있는 포인트다.

가는 길

무창지 가는 길과 마찬가지로 27번 국도를 타고 가다가 주산교를 건너 무창삼거리에서 좌회전한다. 13번 국도를 타고 입면 방향으로 1.5km 진행하면 도로 양쪽에 백련지 수면이 보인다. 왼쪽이 큰 방죽, 오른쪽이 상류쪽 작은 방죽이다.

주요 포인트

큰방죽 인삼밭 앞

작은방죽 수초밭

낚시터정보

위치
전남 곡성군 옥과면 무창리

유형
평지형 저수지

면적
11만 제곱미터(약 3만 3,000평)

포인트 개요

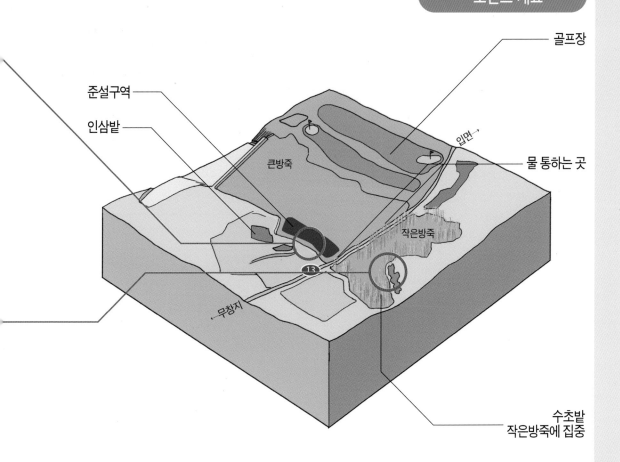

골프장

준설구역

인삼밭

입면

물 통하는 곳

큰방죽

작은방죽

무창지

수초밭
작은방죽에 집중

전남 곡성
흑석지

수면적 17만 6,000제곱미터 규모의 계곡형 저수지다. 배스는 확인되지 않았으나 블루길은 많이 서식한다. 연안에 블루길이 몰려다니다 어느 순간 블루길은 빠지고 대형붕어가 입질한다. 그러나 입질 빈도가 높지 않아 오랫동안 집중해야 성과를 거둘 수 있다. 포인트는 새물유입구 근처 수몰나무. 바닥과 연안에는 수초가 거의 없다. 크고 작은 새물유입구가 4곳이나 되기 때문에 수량이 풍부하고 바닥 경사가 급하다. 만수위 때는 낚시하기 불편하고 수위가 내려간 다음 안정되었을 때가 찬스다.

가는 길

광주대구고속도로(88올림픽고속도로) 순창나들목을 나가서 옥과 방면 27번 국도를 따라 옥과를 지나면 입면 가는 13번 국도와 만난다. 13번 국도를 따라 입면소재지까지 간다. 면사무소를 지나 소방대 앞 갈림길에서 왼쪽 오르막길을 따라 1.5km 정도 가면 흑석지 제방 왼쪽 연안으로 진입할 수 있다. 소방대 앞에서 직진, 마을을 통과한 뒤 우회전해 작은 다리를 건너면 제방 오른쪽 연안으로 진입할 수 있다.

주요 포인트

새물유입구 수몰나무

제방 오른쪽 골자리

제방 왼쪽 수몰나무

낚시터정보

위치
전남 곡성군 입면 약천리

유형
계곡형 저수지

면적
17만 6,000제곱미터(약 5만 3,000평)

포인트 개요

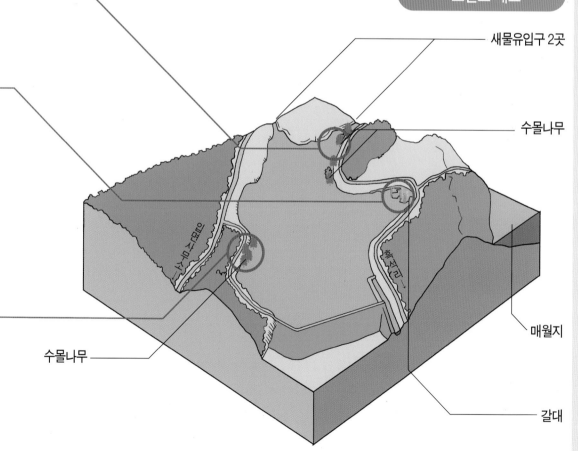

새물유입구 2곳

수몰나무

수위상승면

흑석리

매월지

수몰나무

갈대

소룡지 전남 곡성군 옥과면 소룡리

수면적 9,100제곱미터 규모의 저수지다. 주위에는 인삼밭과 골프장이 있다. 섬진강에서 합강으로 이어지는 물을 끌어올려 담수하는 담수형 저수지. 뗏장수초가 잘 발달해 있고, 수위가 낮아졌을 때 포인트가 확연히 드러난다. 상류를 제외한 포인트에서 3.5칸 이상 긴 대가 필요하다. 상류 수심은 0.4~0.6m, 중하류권은 0.8~1.5m 정도다.

원달지 전남 곡성군 죽곡면 원달리

1947년에 만들어진 계곡형 저수지다. 수면적은 1만 6,500제곱미터 정도로 크지 않지만 수심이 깊어서 제법 많은 수량을 확보한다. 게다가 보성강의 수원이 풍부해서 가뭄을 잘 타지 않는 장점도 가지고 있다. 남쪽 순천군과 더 가까워서 봄 시즌에는 순천꾼들이 즐겨 찾는다. 붕어 채색이 아주 곱기로 유명하다.

신풍지 전남 곡성군 죽곡면 신풍리

죽곡면의 주부산 성주봉 아래에 축조된 저수지다. 계곡이 깊고 수원이 풍부해서 상류 쪽 생자리를 찾아 포인트 해야 한다. 생자리를 틀어서 뭔가 큰 걸 노려보려는 꾼들에게 맞춤한 저수지다. 수면적이 넓지 않고 아담하며, 수면에 걸쳐지는 성주봉의 경치가 일품이다.

보정지 전남 곡성군 옥과면 보정리

해마다 4짜 소식을 전해 주는 저수지다. 한 때는 수십 마리의 월척을 하루에 토해낸 적 있는 명 낚시터였다. 그러나 지금은 배스가 굉장히 많아졌다. 보트낚시를 하는 꾼이라면 상류 수초대를 긴 대로 노려 볼만 하고, 연안 대낚시를 하는 꾼이라면 오른쪽 중상류 연안이나 왼쪽 야산 자락에 자리하면 뻠치급 이상으로 손맛을 볼 수 있나.

성덕지 전남 곡성군 오산면 선세리

가을 단풍을 즐기면서 낚시를 할 수 있는 풍광 좋은 저수지다. 여름에는 갈견이(왕등어)의 성화가 심해 낚시가 어렵다. 연안 수심이 전체적으로 2~3m 정도 되는 전형적인 계곡지이다. 어디를 보아도 수초는 없고, 맑은 물이 사철 위쪽 계곡에서 흘러들어와 그물로 밥을 지어 먹어도 될 듯 싶은 곳이다.

전라북도
남원

아스콘보·세전보·합수보·수송지·마륜지

남원은 섬진강 덕에 예전부터 저수지보다 수로와 보낚시가 강세인 고장이다. 규모 자체야 간척지 수로가 월등히 크지만, 남원의 수로는 순수하게 강계에 속해 있어 항상 물이 흐르며 연중 수초대와 바닥 등에 환경 변화가 있어서 강붕어 낚시의 다이내믹한 참맛을 느낄 수 있다는 점에서 특별하다. 특히 4대강 사업으로 인해 강붕어 낚시터의 광범위한 훼손이 이루어진 지금, 온전히 보존된 남원의 강과 수로는 그 특별함이 더하다. 또 수로낚시의 인기에 가려 있지만, 깊은 수심에서 꿈틀대는 힘 좋은 붕어 손맛을 만끽할 수 있는 저수지 자원도 만만치 않다. 지리산 자락에 있는 고장이니만큼 평지형 저수지보다는 계곡형 저수지가 대부분이다.

낚시터 위치도

완주 / 대구 / 남원시청
순창 / 88고속도로 / 남원역 / 730
광주 / 24 / 광한루 / 남 원 시
745 / 17
금풍지 / 주생역 / 피싱하우스
수송지
요천 / 730
IC / 송동중학교
순천─완주고속도로 / 60
아스콘 공장 / 서남원나들목
730 / **마륜지**
금지역 / **아스콘보**
17 / **세전보**
요천대교 / 60
합수보
곡성역 / 순천
구례
곡 성 군
곡성군청

N

전북 남원
아스콘보

보 옆에 아스콘 공장이 있어 아스콘
보라는 이름으로 불린다. 보 왼쪽으
로 물길이 나 있고 유속이 빠른 편이
다. 이 물줄기가 갈라져 수중섬 사이
로 흘러드는데, 물 흐름이 수중섬과
수초에 막혀 느려지는 오른쪽 연안
이나 수중섬에서 낚시를 많이 한다.
현지꾼들은 수로변보다 수중섬 쪽을
선호한다. 자리가 넓고 포인트가 많
기 때문이다. 뗏목이나 보트를 타고
건너간 다음 자리를 잡는다. 수로변
에서 낚시할 때는 공장이 있는 곳 주
변에 자리를 잡는다. 부들, 뗏장수초,
갈대 등 여러 수초가 어우러진 곳이
다.

가는 길

순천완주고속도로 서남원나들목
을 나가서 송동 방면으로 좌회전한
다. 도로를 따라 5km 정도 가면 왼
쪽에 신촌마을 표석, 오른쪽에 정자
가 있는 삼거리가 나온다. 여기서 우
회전한 뒤 다리로 진입하기 전 좌회
전해 둑길로 들어선다. 둑길을 따라
700m 정도 진행하면 왼쪽에 아스콘
공장이 있고, 오른쪽에 아스콘보 낚
시터가 있다.

주요 포인트

수중섬

아스콘 공장 앞 부들밭

낚시터정보

위치
전북 남원시 금지면 창산리

유형
수로

구간
장산리 일원, 약 1km

포인트 개요

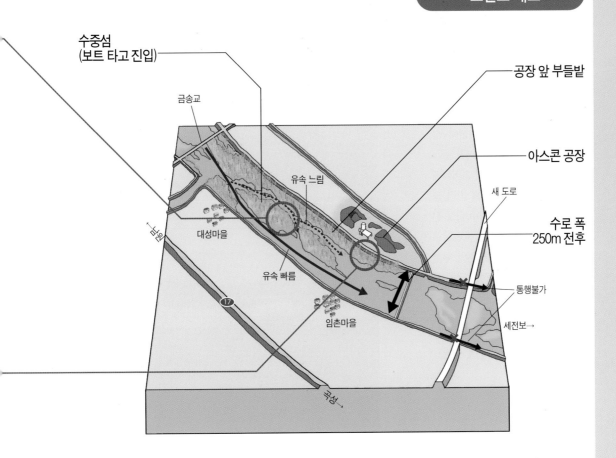

수중섬
(보트 타고 진입)

공장 앞 부들밭

금송교

유속 느림

아스콘 공장

새 도로

대성마을

수로 폭
250m 전후

유속 빠름

통행불가

임촌마을

세전보→

17

곡성→

전북 남원
세전보

아스콘보에서 하류 쪽으로 1km 정도 떨어져 있는 세전보는 아스콘보보다 부들밭이 넓고 유속이 느린 곳이다. 아스콘보와는 반대로 보 오른쪽 연안보다 왼쪽에 수초대가 잘 발달해 있다. 거기에 낚시자리도 많다. 아스콘보를 좌우로 뒤집어 놓은 형상이라고 생각하면 된다. 보 오른쪽 연안은 보에서 600m 떨어진 곳에 작은 부들밭이 한 곳 있다. 이곳이 1급 포인트로 꼽힌다. 배스 워킹 포인트로도 인기가 높은 곳이다.

가는 길

순천완주고속도로 서남원나들목을 나가서 좌회전한 뒤 350m 앞 사거리에서 신기교 쪽으로 좌회전한다. 창고 앞에서 오른쪽 길로 들어가 굴다리를 통과해 송동중학교 옆 삼거리에서 우회전, 730번 지방도를 따라 송동 방면으로 진행한다. 5km 정도 진행, 요천삼거리에서 순창 방면으로 우회전한 뒤 요천대교를 건너 우회전, 둑길을 따라 100m 정도 가면 세전보에 닿는다. 아스콘보에서 세전보로 가는 둑길은 막혀 있다.

주요 포인트

상신리 쪽 넓은 부들밭

양평리 쪽 작은 부들밭

수중섬

낚시터정보

위치
전북 남원시 금지면 양평리

유형
수로

구간
양평리~상신리, 약 1.3km

포인트 개요

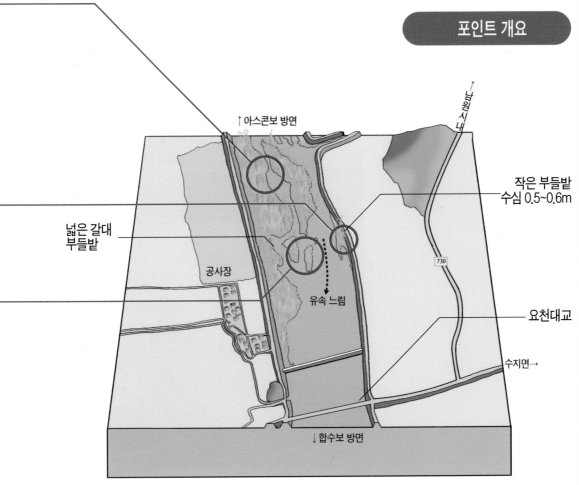

↑ 아스콘보 방면

↑ 남원시내

작은 부들밭
수심 0.5~0.6m

넓은 갈대
부들밭

공사장

730

유속 느림

요천대교

수지면→

↓ 합수보 방면

전북 남원
합수보

현지 강낚시꾼들이 가장 많이 찾는 보낚시터다. 순창 쪽에서 내려오는 섬진강 본류와 남원시내 쪽에서 흘러오는 요천이 만나는 곳. 남원시와 곡성군의 경계 지점이다. 이곳 포인트는 세 군데 권역으로 나뉜다. 하도리 쪽 부들·갈대밭, 섬진강 본류 곡성군 쪽 수중섬, 보 중간에 있는 수중섬 근처다. 본류 쪽 수중섬은 보트를 타고 건너가야 했던 곳이지만, 2013년 공원화 사업으로 구름다리가 설치되어 도보로 건널 수 있게 됐다.

가는 길

요천대교를 건너 좌회전해 둑길을 따라 1km 정도 가면 하도리 부들밭 포인트다. 요천대교에서 직진, 귀석사거리에서 곡성 방면으로 좌회전해 17번 국도를 따라가다 금곡교를 건넌 후 좌회전, 둑길을 따라가면 길 왼쪽에 정자가 보이는 곳이 섬진강 본류 수중섬 포인트. 그리고 여기서 1.5km 정도 더 진행하면 합수보가 있다.

하도리 부들밭

섬진강 본류 곡성 쪽 수중섬

제방 쪽 수중섬

낚시터정보

위치
전북 남원시 금지면 하도리

유형
수로

구간
남원 금지면 하도리~세전리
곡성 곡성읍 금곡교~동산마을
약 2km

포인트 개요

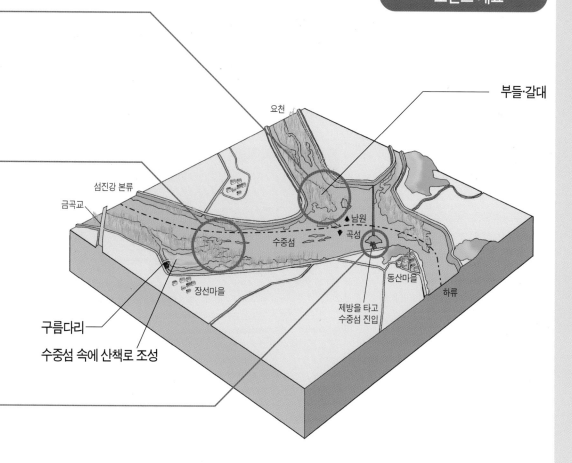

부들·갈대

요천

섬진강 본류

금곡교

▲ 남원
▼ 곡성

수중섬

장선마을

동산마을

하류

제방을 타고
수중섬 진입

구름다리

수중섬 속에 산책로 조성

전북 남원
수송지

만수면적 13만 8,000제곱미터의 계곡지인 수송지는 배스가 살고 있는 대형붕어터다. 떡붕어가 많아 현지꾼들은 중층낚시를 주로 한다. 그러다가 지난 2013년부터 대형 토종붕어 소식도 들려오고 있다. 제방 높이기 공사로 진입로가 새로 생겼기 때문이다. 산비탈 때문에 막혔던 포인트가 열리면서 수송지를 찾는 토종붕어꾼들이 많아진 것이다. 이곳의 대형붕어는 입질이 까다롭긴 하지만 그 힘만큼은 장사급이다. 낚시하기 쉽지는 않다. 현지꾼들 사이에서도 터가 센 곳으로 이름이 나 있다. 바닥낚시 입질은 찌를 한 마디밖에 올리지 않는다. 옥수수 내림낚시를 하면 입질은 확실하지만 거의 반 이상 채비를 터뜨린다고 한다.

가는 길
순천완주고속도로 서남원나들목을 나가서 좌회전한 뒤 350m 앞 사거리에서 신기교 쪽으로 좌회전한다. 창고 앞에서 오른쪽 길로 들어가 굴다리를 통과해 송동중학교 옆 삼거리에서 우회전, 다시 다리 앞에서 좌회전한다. 수로 옆으로 난 길을 따라 4km 정도 진행, 언덕을 한 번 넘어가면 수송지에 도착한다.

상류 수초밭

중류 둘레길 포인트

위치
전북 남원시 수지면 호곡리

유형
계곡형 저수지

면적
13만 8,000제곱미터(약 4만 1,700평)

포인트 개요

상류 부들밭

새로 개척된
토종붕어 포인트

↑남원시내

←서남원나들목

제방공사 완공 후
만수위 2m 상승

수지면사무소↑

둘레길

떡붕어 포인트

전북 남원
마륜지

만수면적 6만 7,000제곱미터의 마륜지는 수심 깊고 물 맑은 계곡지다. 떡붕어와 토종붕어가 많은 곳이다. 블루길이나 배스 등 외래어종은 없고 새우를 현장 채집해서 사용할 수 있다. 산란기에는 대형 떡붕어를 낚기 위해 중층낚시를 주로 하고, 토종붕어낚시는 여름부터 가을까지가 시즌이다. 떡붕어 자리와 토종붕어 자리 구분 없이 바닥낚시인지 중층낚시인지에 따라 어종이 결정된다. 만수 때보다는 수위가 조금 내려갔을 때 조황이 좋다.

가는 길

순천완주고속도로 서남원나들목을 나가서 수송지 가는 길을 따라 수송지까지 간다. 수송지에 도착하면 삼거리에서 우회전, 제방 쪽으로 진행한다. 1.5km 정도 가면 수송지 제방을 지나 삼거리에 닿는다. 여기서 좌회전, 60번 지방도를 따라 구례 쪽으로 2.7km 진행, 마륜마을 표석을 보고 우회전한 후 마을 안으로 200m 정도 들어가면 마륜지 제방에 닿는다.

주요 포인트

제방 왼쪽 골자리 상류

중앙 골자리

낚시터정보

위치
전북 남원시 수지면 고평리

유형
계곡형 저수지

면적
6만 7,000제곱미터(약 2만 평)

포인트 개요

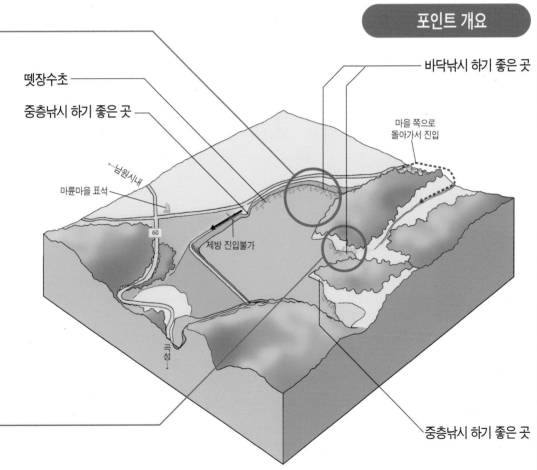

바닥낚시 하기 좋은 곳

뗏장수초

중층낚시 하기 좋은 곳

마을 쪽으로
돌아가서 진입

남원시내

마륜마을 표석

60

제방 진입불가

곡성↓

중층낚시 하기 좋은 곳

청계지 전북 남원시 아영면 청계리

해발 600m 고지에 있는 저수지다. 만수면적은 5만 제곱미터 정도. 산 정상 부근의 분지가 저수지 바닥이라 마사토로 이루어져 있다. 양안에는 소나무 숲이 울창하다. 새우가 많이 서식한다. 제방 오른쪽에 넉넉한 주차공간이 있어 여름 야영낚시터로 제격이다. 제방 왼쪽의 소나무 숲 연안은 경사가 급해서 포인트 할 수 없다.

일대지 전북 남원시 아영면 일대리

해발 400m 고지에 있는 평지형 저수지다. 기다란 제방에 수면적은 약 10만 제곱미터 정도. 수심이 깊고 물고기의 서식 여건이 좋다. 제방 오른쪽 중상류 연안 일대가 포인트이고, 제방 왼쪽 물골도 낚시여건이 좋다. 토종붕어와 대형 떡붕어가 섞여 낚인다. 미끼는 역시 떡밥이며 글루텐 계열이 잘 먹힌다.

구상지 전북 남원시 아영면 구상리

1999년에 축조된 저수지다. 제방 높이가 40m에 달하므로 수심이 꽤 깊다. 수면적은 6만 6,000제곱미터. 구상지를 축조한 후 자원증식을 위해 방양한 떡붕어와 잉어 자원이 꽤 많다. 지대가 높은 만큼 여름 피서낚시터로 좋다. 인근에 흥부전의 발상지인 성산마을이 있으므로 가족과 함께 찾아볼 만 하다.

유곡지 전북 남원시 인월면 유곡리

평지형이지만 유곡리 마을이 해발 500m 고지마을이라서 유곡지의 수온은 낮은 편이다. 해발 842m의 연비산 계곡물을 가둔 저수지다. 제방의 경사가 완만해서 여름에는 제방권에서도 낚시가 가능하다. 제방 왼쪽 상류에 자리 할 곳이 있다. 미끼는 떡밥이며 지렁이를 써도 괜찮을 것이다. 바닥 새우는 확인되지 않았다.

매요지 전북 남원시 운봉읍 매요리

매요지는 수면적 5만 제곱미터 규모의 평지형 저수지다. 규모가 아담하고 낚시여건이 좋아 지역꾼들의 사랑을 받는 곳. 월척급도 곧잘 배출해 내는 저수지로 알려져 있다. 미끼는 떡밥 외에 새우가 잘 듣는다. 제방권에서도 낚시가 가능하고, 상류로 돌아가며 여러 곳에 앉을자리가 있다. 고원지대라도 남도의 여느 저수지와 거의 같은 여건이다.

반암소류지·반골지·임화지·계동소류지·영암사소류지

대전 충남 지리를 잘 모르는 외지인들은 논산 주변이 평야뿐이라고 생각하기 쉽다. 하지만 막상 논산에 가
보면 평야만큼이나 산도 많다는 걸 알 수 있다. 대전 이남의 충남 지방은 대부분 구릉지이기 때문이다. 이것
이 낚시꾼들에게 중요한 이유는 이 구릉지 곳곳에 알려지지 않은 소류지들이 많기 때문이다. 물론 대형 저
수지도 중요한 낚시터이긴 하지만 이름 없는 소류지를 발견했을 때의 느낌은 특별하다고밖에 달리 설명할
길이 없다. 여기 논산 편에 소개한 5곳의 저수지 중 반암소류지와 영암사소류지는 지도에도, 저수지 사전에
도 그 이름을 확인할 길이 없어 임의로 붙인 것임을 밝힌다.

낚시터 위치도

충남 논산
반암소류지

정식 명칭이 붙어있지 않은 9,200제곱미터 규모의 소류지다. 지도나 내비게이션에서도 이름을 찾을 수 없고, 접근하기도 힘들다. 반면 붕어자원은 많다. 4짜까지 확인되었다. 계곡 깊숙한 곳에 있지만 수심 편차가 작고 바닥이 평편하다. 수심은 1~3m. 계곡에서 많은 물이 내려온다. 또 몽리 면적이 작아 인근 저수지에 비해 배수량이 적다. 외래어종이 없어서 새우가 잘 먹힌다. 현장 채집한 새우를 쓰면 된다. 장어가 서식하는데, 인근 주민 누군가가 방류한 것으로 보인다. 이렇다 할 수초나 말풀은 없다. 자갈 섞인 마사토 바닥이다.

가는 길
호남고속도로 논산나들목을 나가서 양촌 방면으로 우회전 한다. 68번 지방도를 따라 가야곡면 소재지까지 간 후 육곡삼거리에서 양촌 방면으로 직진, 성삼문묘와 쌍계사 앞을 지나 양촌면으로 진입한다. 계속 직진해 동산초등학교 앞에서 2km 정도 진행한 후 길 오른쪽 감나무를 끼고 우회전, 농로로 진입해 600m 정도 올라가면 제방이 보인다.

주요 포인트

최상류

중~하류

낚시터정보

위치
충남 논산시 양촌면 반암리

유형
계곡형 저수지

수면적
9,200제곱미터(약 2,800평)

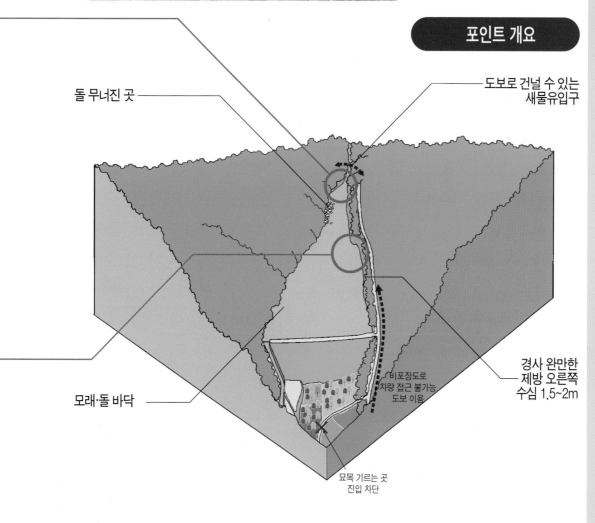

포인트 개요

돌 무너진 곳

도보로 건널 수 있는
새물유입구

경사 완만한
제방 오른쪽
수심 1.5~2m

모래·돌 바닥

비포장도로
차량 접근 불가능
도보 이용

묘목 기르는 곳
진입 차단

충남 논산
반골지

1만 6,000제곱미터 규모의 계곡형 저수지다. 4짜는 확인되지 않았지만 월척급은 많다. 접근하기 쉽지 않은 곳에 있지만 일단 도착하면 낚시자리는 넓은 편이다. 동자개가 많아 생미끼를 쓸 경우 어느 정도 시달림을 감수해야 한다. 새우 개체수가 매우 적어 현장 생미끼 채집보다는 미리 미끼를 준비하거나 옥수수, 떡밥을 쓰는 것을 추천한다. 주요 포인트는 제방 왼쪽 중류~최상류 구간이다. 바닥이 완만하고 평편하다. 제방 양쪽 끝 부분도 좋은 포인트다.

가는 길

반암소류지 가는 길을 참고로 양촌면까지 간다. 인천교를 건너 양촌약국 앞 사거리에서 우회전, 697번 지방도를 타고 금산 방면으로 800m 정도 진행하면 나오는 삼거리에서 임화리 방면 오른쪽 길로 들어간다. 1.6km 정도 진행하면 길 왼쪽에 반사경이 있다. 여기서 마을 쪽으로 우회전해 들어가 집 앞에서 우회전, 농로를 따라 400m 정도 올라가면 반골지 제방이 보인다.

중~상류 경사 완만한 연안

제방 오른쪽 구석

낚시터정보

위치
충남 논산시 양촌면 양촌리

유형
계곡형 저수지

면적
1만 6,000제곱미터(약 4,800평)

포인트 개요

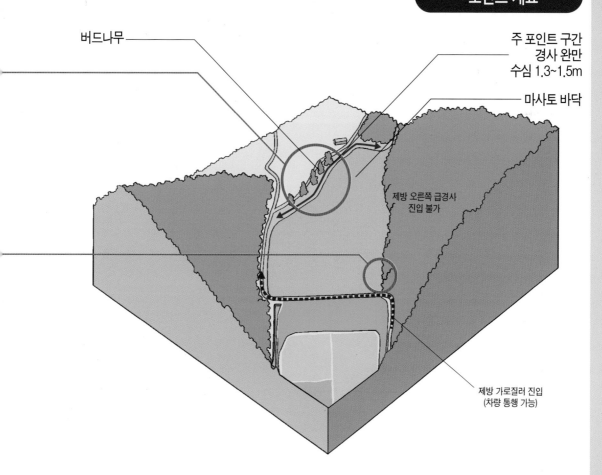

버드나무

주 포인트 구간
경사 완만
수심 1.3~1.5m

마사토 바닥

제방 오른쪽 급경사
진입 불가

제방 가로질러 진입
(차량 통행 가능)

충남 논산
임화지

6만 8,000제곱미터 규모의 계곡형 저수지로 논산 편에 소개하는 저수지 중 가장 규모가 크다. 한 번 낚이기 시작하면 마릿수 재미를 볼 수 있는 곳이다. 그러나 잡어가 많아 낚시가 쉽지는 않다. 생미끼를 쓰면 메기와 동자개가, 옥수수를 쓰면 피라미가 달려든다. 주위에 논이 많아서 배수량이 많지만 갈수기에도 낚시할 수 있는 골자리가 2곳 정도 있다. 씨알 상관없이 마릿수 재미를 보고 싶다면 떡밥을 단단히 뭉쳐 넣으면 20~25cm 정도의 붕어가 잘 낚인다.

가는 길
마을 앞 반사경까지는 반골소류지 가는 길과 같다. 반사경 앞에서 계속 직진, 임화 4리 마을 앞에서 다른 길로 빠지지 않고 농로를 따라 1.5km 정도 진행하면 임화지에 도착한다. 마을을 지나 농로로 진입하면 멀리서도 제방을 확인할 수 있다.

주요 포인트

상류 갈수기 포인트

하류 골창 갈수기 포인트

위치
충남 논산시 양촌면 임화리

유형
계곡형 저수지

면적
6만 8,000제곱미터(약 2만 평)

포인트 개요

새물유입구 오름수위 포인트

사유지(진입불가)

갈수기 포인트
(갈수 시 수심 1~1.5m)

진입할 수 없음

임화리 →

충남 논산
계동소류지

1만 1,000제곱미터 규모의 평지형 저수지다. 도로 옆에 있어 접근이 쉽고 지역꾼들 뿐 아니라 외지꾼들에게 많이 알려진 곳이다. 원래 월척 확률이 높은 곳이었지만 입소문을 타면서 월척 확률은 낮아지고 마릿수 터로 바뀌었다. 굵은 씨알을 낚으려면 긴 대를 사용해 연안 가까운 창포밭에 찌를 세우고 멀리 떨어져 앉는 갓낚시가 좋다. 참붕어와 새우는 현장에서 채집할 수 있다. 가물치가 서식하고 있다.

가는 길

호남고속도로 논산나들목을 나가서 양촌 방면으로 우회전한다. 68번 지방도를 따라 가야곡면 소재지까지 간 후 육곡삼거리에서 양촌 방면으로 직진한다. 7km 정도 진행해 쌍계사 앞을 지나면 길 오른쪽에 계동소류지 제방이 보인다. 기준 삼을만한 건물이나 이정표는 없지만 제방 오른쪽에 비석이 하나 있다.

논둑

제방권 무넘기 근처 창포밭

낚시터정보

위치
충남 논산시 양촌면 임화리

유형
평지형 저수지

면적
1만 1,000제곱미터(약 3,300평)

포인트 개요

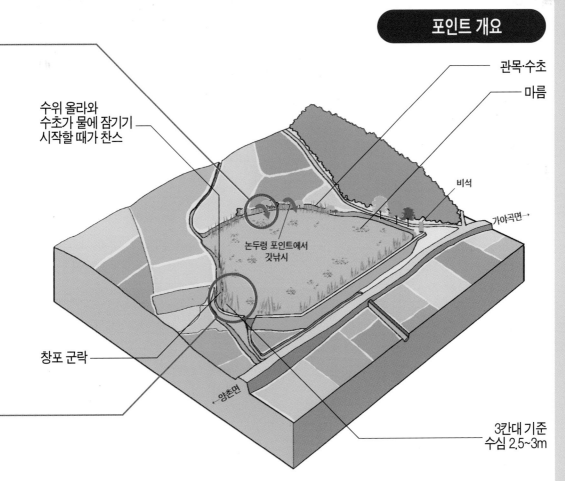

관목·수초

마름

비석

가야곡면→

수위 올라와
수초가 물에 잠기기
시작할 때가 찬스

논두렁 포인트에서
갓낚시

창포 군락

←양촌면

3칸대 기준
수심 2.5~3m

충남 논산
영암사 소류지

수문이 고장이 나서 용수 공급 기능을 상실한 채 꾼들에게 잊혀진 저수지다. 정식 명칭도 없고 숲에 가려 있어 찾기도 어렵다. '아는 사람만 아는' 낚시터가 되었다. 수면적은 1,000제곱미터로 매우 작지만 수심이 5m에 달하고 바닥도 급경사라 3칸 이하 짧은 낚싯대만 쓴다. 지렁이 미끼에는 잔챙이만 낚인다. 제대로 된 씨알을 낚으려면 옥수수를 써야 한다. 물을 빼지도 않지만 큰 비가 오지 않는 이상은 유입되는 물도 없어 1년 내내 일정한 수위를 유지한다. 숲으로 둘러싸여 있어 바람 부는 날도 수면이 잔잔하다. 규모에 비해 자원이 많다.

가는 길

계동소류지 가는 길과 마찬가지로 가야곡면 소재지까지 간다. 육곡삼거리에서 양촌 방면으로 직진, 낮은 언덕길을 넘어가 내리막으로 접어들면 길 오른쪽에 영암사 표석과 영암기도원 입간판이 있다. 여기서 우회전, 영암사 쪽으로 오르막길을 올라간다. 급커브를 두 번 돌아간 후 100m 정도 올라가면 길 왼쪽에 작은 콘크리트 건물이 있다. 그 건물 오른쪽을 자세히 살피면 작은 오솔길이 보인다. 이곳으로 걸어 들어가다 오른쪽을 보면 수풀 사이로 소류지 수면이 보인다.

주요 포인트

최상류

중류

무넘기 부근

위치
충남 논산시 가야곡면 육곡리

유형
계곡형 저수지

면적
1,000제곱미터(약 300평)

포인트 개요

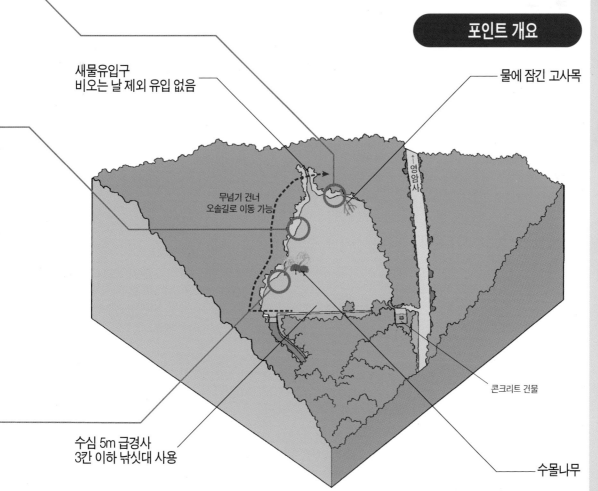

새물유입구
비오는 날 제외 유입 없음

물에 잠긴 고사목

무넘기 건너
오솔길로 이동 가능

↑
영암사

수심 5m 급경사
3칸 이하 낚싯대 사용

콘크리트 건물

수몰나무

석종소류지 충남 논산시 상월면 석종리

계룡산 자락 남서쪽의 제법 유명한 절인 신원사에서 가까운 저수지다. 야산을 끼고는 있으나 평지형에 가까운 소류지다. 수면적은 2만 제곱미터 정도. 전체 수심은 2m 내외며, 연안 가까운 곳은 1m 안팎이다. 바닥에는 말풀이 잘 깔려있고, 연안을 따라 부들과 갈대 등의 정수수초도 제법 빽빽하다. 대형 가물치가 많다.

논산지 충남 논산시 부적면 신풍리

탑정지, 혹은 탑정호라는 이름으로 더 유명한 낚시터다. 수면적 628만 제곱미터 규모로 논산의 대표적인 낚시터다. 하류에 다양한 형태의 숙박시설과 식당 등이 들어서면서 공원화 돼 있다. 최근 들어 배스 루어낚시꾼들이 많이 찾고 있지만 초봄 붕어 산란기에는 병암리와 동산골 같은 전통적인 붕어터에서 월척 입질이 이어진다.

석성천 충남 논산시 성동면 우곤리

석성천은 충남 논산시 우곤리 마을 앞에서 금강 본류와 합수하는 금강의 샛강이다. 이 석성천의 하류, 즉 우곤리 마을 앞은 항상 서너 명 이상의 낚시꾼이 상주할 정도로 안정적인 조황을 보인다. 비 온 직후 마릿수 재미가 좋다. 특히 여름 장마 끝에는 월척급 씨알이 밤낮 없이 낚일 정도다. 지렁이+떡밥의 짝밥채비가 효과적이다.

아곡지 충남 논산시 부적면 신교리

수면적 7만 제곱미터 규모의 평지형 저수지다. 아개울낚시터라는 이름의 유료터로 운영되고 있다. 아개울방죽이라고 표기돼 있는 지도도 있다. 연안 전체에 수초가 잘 깔려 있어 붕어의 서식여건이 좋은 편이다. 관리하고 있는 어종은 붕어와 떡붕어, 메기 등이며, 수심은 상류가 1m, 중~하류가 2~3m 정도다.

고내지 충남 논산시 연무읍 고내리

수면적 7만 제곱미터 규모의 준계곡형 저수지다. 제방 왼쪽 연안은 급경사지만 나머지 연안은 갈대 등의 수초가 잘 깔린 포인트가 많다. 한때 유료낚시터로 운영이 되었으나 2010년부터 무료터로 풀렸다. 자생새우가 있어 한때는 지역의 월척터 역할도 한 곳이다. 지금은 토종붕어는 물론이고, 떡붕어와 잉어 향어 등도 낚인다.

당산지·용연지

충남 당진의 붕어낚시터는 대호를 위시한 수로의 위세가 강한 편이다. 저수지 낚시터들은 규모 면에서 수로에 밀리기도 하거니와 그나마 유료낚시터로 바뀌어 가는 추세다. 그러나 아직 꾼들에게 개방되어 부담 없이 찌를 세울 수 있는 저수지들이 흙 속의 진주처럼 남아 있다. 국내 저수지는 2만 개가 넘는다. 잘 찾아 보면 전국 어디서나 그 보람을 느낄 수 있는데, 당진 또한 예외는 아니다.

낚시터 위치도

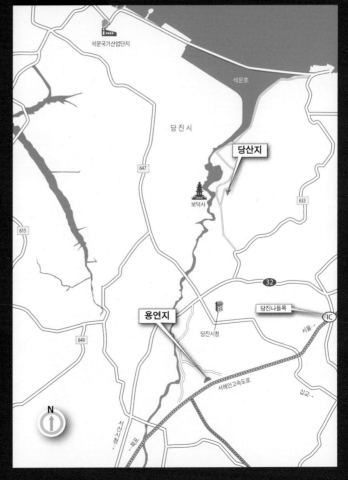

충남 당진
당산지
(고잔지)

1945년 축조된 평지형 저수지다. 면적은 10만 7,000제곱미터(약 3만 2,000평). 부들밭이 굉장히 넓게 분포되어 있다. 잡어보다 붕어 개체수가 많고 가물치가 가끔 덮치곤 한다. 수초가 무성히 자라는 여름철에는 연안 대낚시보다는 보트낚시가 효과적이다. 수위가 올랐을 때 5척 내외의 보트가 항상 떠 있다. 제방을 기준으로 오른쪽 수면은 완전히 수초로 뒤덮여 있다. 그 외 모든 연안에 걸쳐 10~20m 정도의 폭으로 수초밭이 형성되어 있다. 펄로 덮인 바닥은 밑걸림이 있다. 보통 쓰이는 미끼는 옥수수와 새우.

가는 길

서해안고속도로 당진나들목을 나가서 32번 국도 서산·당진 방면으로 진행한다. 당진읍으로 진입하기 전 사곡교차로에서 오른쪽으로 빠져 국도를 나간다. 롯데마트 근처를 지나 한라아파트 앞 사거리에서 우회전, 633번 지방도를 타고 송산 방면으로 향한다. 금암교를 건너 나오는 삼거리에서 석문 방면으로 좌회전. 3km 진행한 뒤 오도삼거리에서 우회전한다. 당산리 마을 진입로로 들어가 민가 앞 양 갈래 길에서 오른쪽으로 들어가면 당산지 제방 옆에 닿는다.

주요 포인트

제방 왼쪽 연안

제방권

제방 오른쪽 수초밭

낚시터정보

위치
충남 당진시 송산면 당산리

유형
평지형 저수지

면적
10만 7,000제곱미터(약 3만 2,000평)

포인트 개요

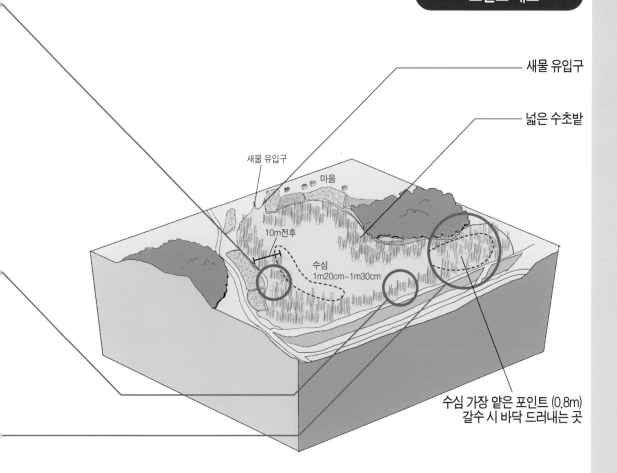

새물 유입구

넓은 수초밭

새물 유입구

마을

10m전후

수심
1m20cm~1m30cm

수심 가장 얕은 포인트 (0.8m)
갈수 시 바닥 드러내는 곳

충남 당진
용연지

당진 시내와 가까운 서해안고속도로 바로 옆에 있다. 수면적 2만 1,000제곱미터 규모의, 비교적 소형급에 속하는 저수지다. 외지꾼들에게는 별로 알려지지 않아 대개 현지꾼이 소일거리로 낚싯대를 드리우곤 하는 곳이다. 그러나다 주변 거주 인구가 늘어나고 시내에서 가까워 꾼들의 발길이 잦아졌다. 최근에는 배스 루어꾼들도 많이 찾는다. 마사토 바닥에 돌이 깔려 있고 연안 경사가 급해 3칸 이하 낚싯대로 대 편성을 하는 게 낫다. 연안은 전체적으로 그 여건이 비슷해서 어디에 자리를 잡아도 무방하다. 밤낚시에 나은 조황을 보이며 떡밥 미끼가 주로 쓰인다. 고속도로 쪽 민가 앞에 작은 부들밭이 있다.

가는 길

서해안고속도로 당진나들목을 나가서 32번 국도를 따라 서산·당진 방면으로 향한다. 당진읍내 탑동교차로에서 나들목으로 내려가 국도를 빠져나온다. 읍내를 지나 채운교차로에서 서산·운산 방면으로 우회전한다. 당진소방서 앞을 거쳐 3km 정도 진행, 버스정류장 앞 작은 사거리에서 좌회전, 다시 3km를 더 들어가면 용연지 제방이 보인다.

새물유입구 주변 상류 연안

도로 옆

마을 앞

낚시터정보

위치
충남 당진시 용연동

유형
평지형 저수지

면적
2만 1,000제곱미터(약 6,400평)

포인트 개요

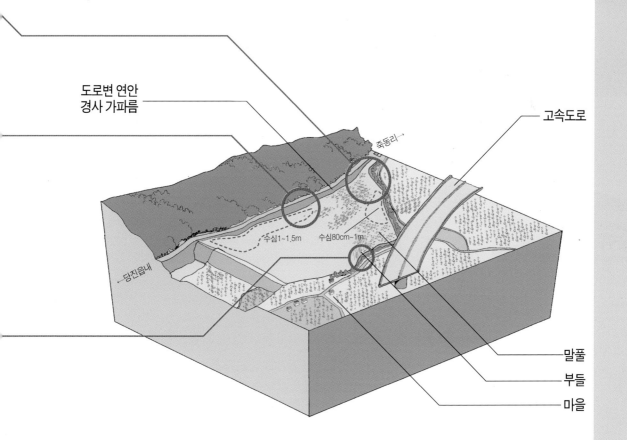

도로변 연안
경사 가파름

죽동리

고속도로

수심1~1.5m 수심80cm~1m

당진읍내

말풀

부들

마을

온동지 충남 당진시 고대면 당진포리

1933년 준공. 만수면적 9만 8,000제곱미터 규모의 평지형 저수지다. 저수지 주변을 둘러싼 갈대와 부들이 무성하다. 현재 관리형 유료낚시터로 운영되고 있다. 22동의 수상좌대가 수초 사이 곳곳에 잘 배치돼 있다. 연안 대낚시 여건 또한 좋다. 수초를 바라보며 편안히 낚시를 즐길 수 있다. 붕어, 떡 붕어, 가물치 등 다양한 어종이 서식한다.

항곡지 충남 당진시 고대면 항곡리

유료낚시터로 운영되는 수면적 50만 제곱미터 규모의 평지형 저수지다. 5개의 수상좌대가 있고, 연 안에서도 낚시를 즐길 수 있다. 바닥 토종붕어가 자생하며, 대호에서 들어온 대형 월척도 많다. 관리 소 앞 연안을 따라 길게 좌대가 늘어져 있어 낚시자리가 편하다. 상류 수심은 1.2m 정도며 떡밥과 지 렁이의 짝밥에 초봄 입질이 좋다.

가교리지 충남 당진시 송악읍 가교리

수면적 16만 5,000제곱미터 규모의 평지형 저수지다. 유료낚시터로 운영되고 있다. 주어종은 붕어 와 잉어 떡붕어 등. 수상좌대가 놓여 있고, 제방권에는 중층낚시 전용 잔교좌대도 운영한다. 수위변 화가 심해 5~6월 배수기 때는 거의 바닥까지 물이 빠진다. 초봄이나 가을 상류 수초대에서 짝밥미 끼에 입질이 잦다.

도이지 충남 당진시 대호지면 도이리

신동지가 원래 이름이며, 1945년 준공된 만수면적 12만 제곱미터의 평지형에 가까운 준계곡지다. 연중 기복 없는 조황이 특징이다. 월척급 이상 대형붕어의 출현 빈도는 낮지만 마릿수 입질이 활발 하다. 수심은 1~1.2m 정도로 비교적 고른 편이며, 지렁이+떡밥의 짝밥에 입질이 빠르다.

삼봉지 충남 당진시 고대면 성산리~석문면 삼봉리~초락도리

1968년 준공된 곳이다. 옛 낚시꾼들은 초락도지라는 이름으로도 부르고, 수로처럼 수면이 길쭉해 서 삼봉수로라고도 부른다. 수면 전역에 걸쳐 갈대와 부들, 말풀 등의 다양한 수초가 잘 깔려 있다. 수심은 전역이 1~1.5m 정도로 고른 편이다. 초락도 기도원 앞에서 연안을 찾아 들어가면 나오는 닦 인 자리에 앉으면 된다.

충청남도
보령

송학지·영보리지·신촌지·구수지·연지리지

보령은 충청남도의 서해안 지역을 대표하는 곳이다. 실제로 홍성, 예산, 서천, 보령, 태안 중 가장 인구가 많고 관광지와 명소도 많아 관광객들의 사랑을 받고 있는 곳이 보령이다. 그런 만큼 붕어낚시터도 널리 알려진 명당이 많다. 대표적인 예로 학성지를 꼽을 수 있겠다. 하지만 이 외에도 봄~가을 물낚시, 겨울 얼음낚시 손맛을 만족시켜 줄 만한 저수지가 많다. 실제로 구릉과 평야가 모두 존재하는 보령에는 평지형 저수지와 계곡형 저수지가 골고루 분포해 입맛대로 고를 수 있다.

낚시터 위치도

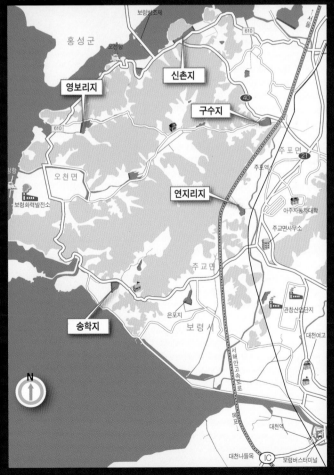

충남 보령
송학지

송학지는 논밭 위에 둑을 쌓아 물을 가둔 평지형 저수지다. 1945년 축조됐으며 면적은 4만 3,000제곱미터다. 3면이 제방으로 둘러싸여 있고 가장 깊은 곳의 수심이 2m 남짓한 얕은 저수지다. 상류 연안에 그리 넓지 않지만 연밭이 있다. 연이 자라는 한계선에서 수심이 오르락내리락 하기 때문에 매년 수위 변화에 따라 연밭의 넓이가 변한다. 수면의 과반을 마름이 꽉 채우고 있고, 이 마름은 9월부터 삭아 들어간다. 낚이는 붕어의 씨알은 24cm부터 턱걸이 월척이 주종이다. 미끼는 새우.

가는 길
서해안고속도로 대천나들목을 나가서 보령종합터미널 사거리에서 좌회전, 다리를 건넌 다음 바로 홍성 쪽으로 좌회전 한다. 9km 진행한 후 은포해변 갈림길에서 오른쪽 길로 빠진 후 다음 삼거리에서 다시 우회전, 1km 진행하면 길 오른쪽에 송학지가 보인다.

주요 포인트

제방권

상류 갈대·연밭

무넘기 근처

낚시터정보

위치
충남 보령시 주교면 송학리

유형
평지형 저수지

면적
4만 3,000제곱미터(약 1만 3,000평)

포인트 개요

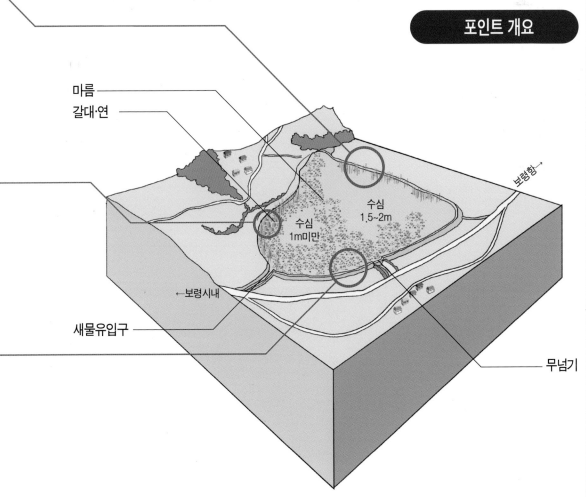

마름

갈대·연

보령항→

수심
1.5~2m

수심
1m미만

←보령시내

새물유입구

무넘기

충남 보령
영보리지
(수해지)

영보리지는 만수면적 7만 4,000제곱미터에 달하는 꽤 큰 저수지다. 쓰레기 문제로 지난 2008년부터 3년 동안 마을에서 낚시를 막아 오다가 2012년부터 마을 청년회에서 관리하는 유료터로 다시 문을 열었다. 인공적인 물고기 방류는 없고 청소비 명목으로 5,000원의 입어료를 받고 있다. 화장실과 쓰레기통, 포인트 진입로 등을 설치해 낚시 여건은 이전보다 나아졌다. 2012년 봄에는 준척과 월척급이 하루 10여 마리 이상 낚이기도 했다. 여름에도 꾸준한 조황을 보이고, 다른 저수지의 조황이 떨어지는 8월말에도 월척 소식을 계속 들려주는 곳이다. 봄에는 참붕어와 옥수수, 여름에는 옥수수와 글루텐 떡밥, 가을에는 새우가 잘 먹힌다. 연안 대낚시만 허용하고 있다. 가물치 자원이 많다.

가는 길

은포해변까지는 송학지 가는 길과 같다. 갈림길에서 오른쪽 길로 빠진 후 다음 삼거리에서 오천 쪽으로 좌회전한다. 2.5km 정도 진행한 후 서울단고기집 식당 앞 삼거리에서 오른쪽 도로로 들어간다. 언덕길을 넘어 화력발전소 쪽으로 진행하다 다리를 건너 우회전 한 후 두 번째 삼거리에서 좌회전해 들어간다. 1.5km 진행 후 마을 앞 정자에서 좌회전해 들어가면 오른쪽에 영보리지가 보인다. 제방 근처에 주차장과 관리실이 있다.

주요 포인트

상류 갈대밭

제방 왼쪽 연안

관리실 앞

낚시터정보

위치
충남 보령시 오천면 영보리

유형
평지형 저수지

면적
7만 4,000제곱미터(약 2만 2,000평)

포인트 개요

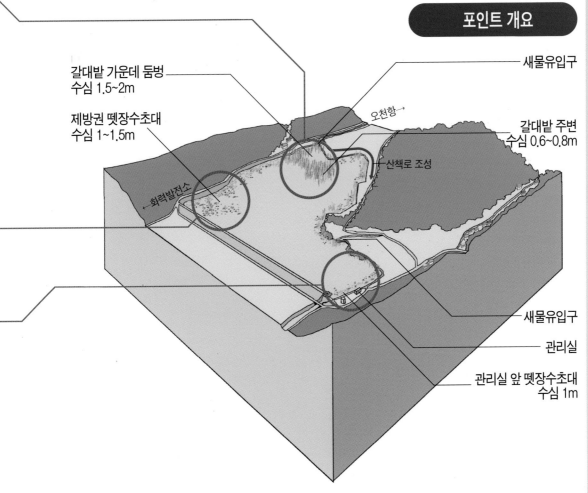

새물유입구

갈대밭 가운데 둠벙
수심 1.5~2m

제방권 뗏장수초대
수심 1~1.5m

오천항→

갈대밭 주변
수심 0.6~0.8m

산책로 조성

←화력발전소

새물유입구

관리실

관리실 앞 뗏장수초대
수심 1m

충남 보령
신촌지

신촌지는 만수면적 6만 9,000 제곱미터의 계곡형 저수지다. 원래 수로와 방죽이 있던 곳을 골짜기 양쪽에 제방을 쌓아 저수지로 만든 것이다. 모래시계 모양의 독특한 형태를 가지고 있다. 도보로 접근할 수 없는 도로 건너편 연안을 제외하고는 모든 곳이 일정한 수심과 여건을 보인다. 최대 수심은 서쪽 제방보다 동쪽 제방이 더 깊다. 주유소 주변 집 앞 포인트는 다소 얕다. 동쪽 제방 근처가 꾼들에게 가장 사랑받는 포인트다. 현지꾼들은 새우와 참붕어, 옥수수 미끼를 주로 쓴다.

가는 길

서해안고속도로 광천나들목을 나가서 광천·보령 쪽으로 우회전 한 후 바로 오른쪽 천북 쪽 길로 빠져나가서 다시 우회전한다. 622번 지방도를 따라 7km 진행한 후 천북면소재지 앞 삼거리에서 좌회전하여 방조제를 건너 바로 좌회전, 700m 더 들어가면 신촌지 제방이 보인다.

주요 포인트

주유소 앞

서쪽 제방 주변

낚시터정보

위치
충남 보령시 오천면 소성리

유형
계곡형 저수지

면적
6만 9,000제곱미터(약 2만 1,000평)

포인트 개요

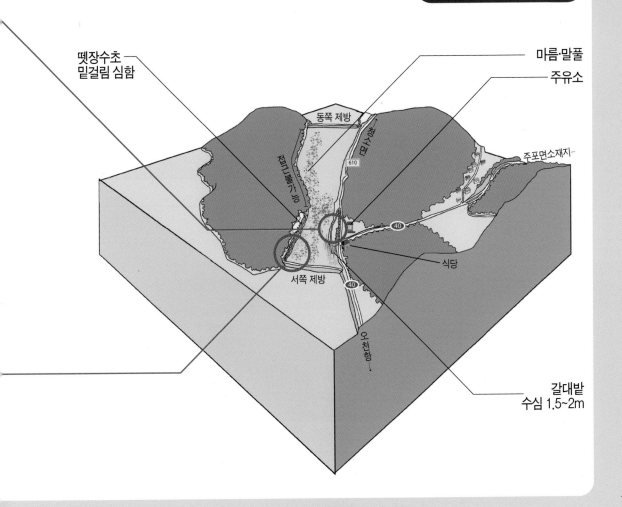

뗏장수초
밑걸림 심함

마름·말풀

주유소

동쪽 제방

접근불가능

주포면소재지

오천천

610

40

식당

서쪽 제방

40

오천항

갈대밭
수심 1.5~2m

구수지

충남 보령

만수면적 7만 제곱미터 구모의 평지형 저수지인 구수지는 시즌 내내 기복 없는 꾸준한 조황을 보이는 곳이다. 다른 저수지들의 조황이 떨어지기 시작하는 8월 말에도 새우와 옥수수 바닥낚시에 월척을 계속 선사하고 있다. 이 꾸준한 조황의 비결은 안정된 수위에 있다. 인위적인 배수를 잘 하지 않아 수위가 변하는 일이 적다. 중류 연안 곳곳에 자리한 연밭은 가을 유망 포인트로 손꼽힌다. 뗏장수초가 연안을 덮고 있고 드문드문 갈대가 자란다. 붕어 외에도 잉어와 가물치가 걸려 나오고 외래어종은 없다.

가는 길

서해안고속도로 광천나들목을 나가서 광천·보령 쪽으로 우회전한 후 광천읍 초입까지 2.2km 진행한다. 카센터 앞 단아래사거리에서 보령·서천 쪽으로 우회전 한 후 21번 국도를 따라 주포면까지 10km 내려간다. 주포면소재지 앞 주포사거리에서 오천·천북 쪽으로 우회전해 2km 더 들어가 서해안고속도로 밑을 통과해 나가면 구수지 제방이 보인다.

주요 포인트

연밭

제방 왼쪽 연안 뗏장수초대

제방 오른쪽 중~하류

위치
충남 보령시 주포면 마강리

유형
평지형 저수지

면적
7만 제곱미터(약 2만 1,000평)

포인트 개요

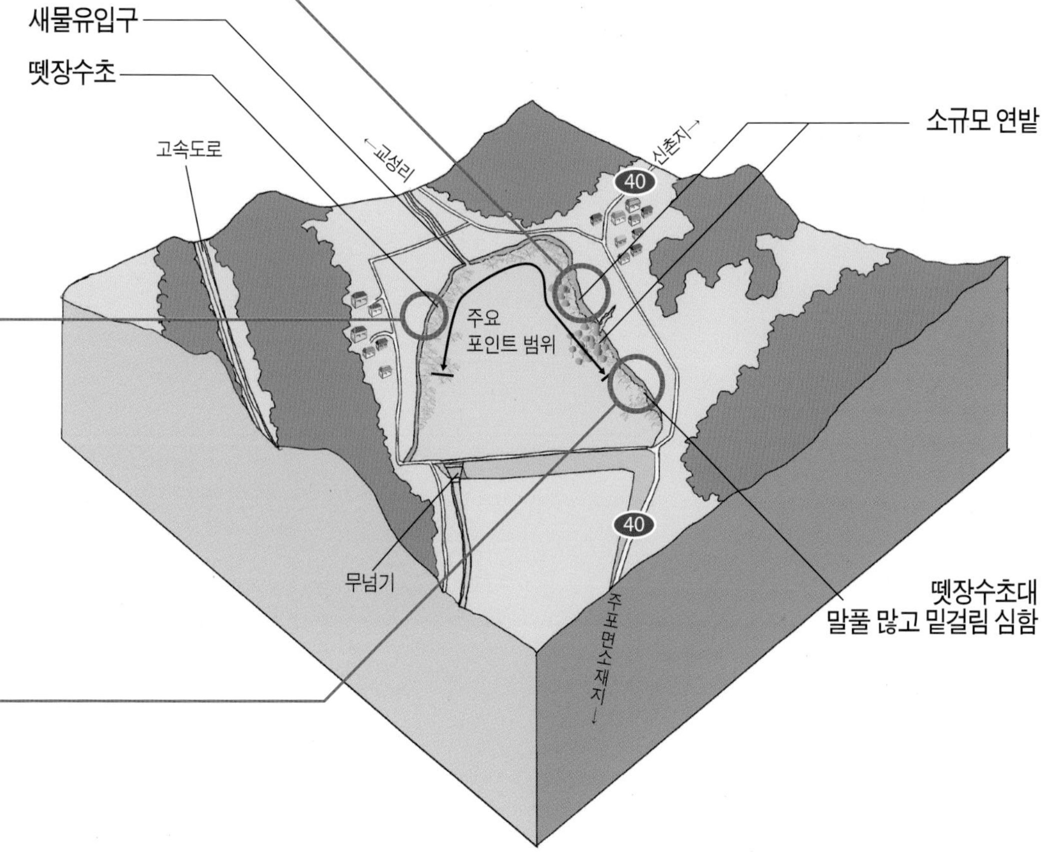

새물유입구

뗏장수초

고속도로

교성리

신촌지

40

소규모 연밭

주요
포인트 범위

무넘기

주포면소재지

40

뗏장수초대
말풀 많고 밑걸림 심함

충남 보령
연지리지
(연정동지)

만수면적 4만 2,000 제곱미터 규모의 평지형 저수지로 붕어와 함께 떡붕어도 서식한다. 상류와 중류에 마름이 폭넓게 수면을 뒤덮고 있다. 토종붕어낚시는 제방 왼쪽 중류 곶부리 집 앞에서 최상류를 거쳐 제방 오른쪽 버드나무까지 수심 1~2m인 곳이다. 수심 2.5m를 넘는 제방 인근은 떡붕어 중층낚시 포인트다. 봄에는 참붕어, 가을에는 옥수수와 새우 미끼가 잘 먹힌다.

가는 길

서해안고속도로 광천나들목을 나가서 광천·보령 쪽으로 우회전 한 후 광천읍 초입까지 2.2km 진행한다. 카센터 앞 단아래사거리에서 보령·서천 쪽으로 우회전 한 후 21번 국도를 따라 주포면까지 13km 내려간다. 주포면소재지와 관산교차로를 지나면 오른쪽으로 빠지는 길이 나오는데, 여기서 우회전하여 1km 더 들어가면 연지리지 제방이 보인다.

주요 포인트

제방 오른쪽 버드나무

마을 앞

제방권

낚시터정보

위치
충남 보령시 주포면 연지리

유형
평지형 저수지

면적
4만 2,000제곱미터(약 1만 3,000평)

포인트 개요

새물유입구

마름·뗏장수초 경계
수심 1~1.5m

주포역→

버드나무

무넘기

붕어낚시
포인트 범위

중층낚시 포인트

주교면사무소→

수심 2.5~3m

신죽지 충남 보령시 천북면 신죽리

충남 보령과 홍성의 경계지점에 위치한 7만 5,000제곱미터 규모의 중형급 저수지다. 물낚시보다는 얼음낚시터로 더 유명한 곳. 직선거리로 6km 정도 떨어진 곳에 유명한 죽전지가 있지만 번잡함을 꺼리는 꾼들은 신죽지를 찾는다. 매년 12월 말쯤 결빙되고, 1월초에 가장 활발한 입질을 보인다. 낚이는 붕어의 평균 씨알은 25cm 전후.

학성지 충남 보령시 천북면 학성리

평지형 저수지로 수면적은 2만 2,000제곱미터 정도. 제방 오른쪽 연안은 야트막한 야산을 끼고 있고 수면 전역에 마름이 깔려 있다. 상류 일부 구간과 수면 중앙에 군데군데 뗏장수초와 갈대 등이 자리한다. 학성지의 월척 시즌은 초봄과 늦가을. 특히 9월말에서 10월 중순까지는 매년 마릿수 월척을 배출한다.

은포지 충남 보령시 주포면 은포리

논밭 한가운데 위치한 5만 제곱미터 규모의 평지형 저수지다. 2007년 제방 보강공사를 한 이후 배스가 유입됐다. 가을에는 27cm부터 턱걸이 월척이 마릿수가 낚인다. 상류 일대와 제방 왼쪽 중류 연안은 갈대와 부들이 빽빽하게 들어차 있어 여름에는 채비 내리기가 어렵다. 따라서 은포지 공략의 최고 적기는 수초가 삭아 내리기 시작하는 10월 말부터 이듬해 4월까지다.

산조개지 충남 보령시 주산면 금암리

연안을 따라 뗏장수초가 빙 둘러 푹신하게 깔려있고 적당한 물색을 띄는 곳이다. 수면적은 1만 2,000제곱미터 정도. 아담한 산속 저수지다. 2010년 6월 현지꾼들에 의해 32~33cm급 월척 두 마리와 25cm 이상 준척급 10마리가 확인되면서 알려진 곳이다. 인근 '산조개마을' 이름을 따서 명명한 저수지. 새우와 옥수수에 확실한 손맛을 기대할 수 있다.

청라지 충남 보령시 청라면 향천리

3월 중순 이후 붕어 입질이 열리는 곳이다. 수면적 270만 제곱미터의 초대형 저수지. 청천지라고도 불리며 하류권은 준계곡형 형태를 띠고 있다. 하류권에서는 떡붕어 중층낚시가 활발하게 이뤄지고 있으며 토종붕어는 최상류의 수초대가 유리하다. 특히 초봄에는 36번 국도변에 위치한 향천리 일대가 특급 포인트다.

은산수로·금천수로·함양지·충화지·가화지

이번에 소개할 곳은 백제의 고장, 충남 부여다. 백마강변을 달리다 보면 드넓은 들판 속에 가지처럼 뻗은 수로가 탐스럽다. 지나가다 어디든 자리를 펴고 앉아 수초 사이로 채비를 던지면 통통하게 살찐 누런 황금 붕어가 툭 튀어나와 줄 것만 같다. 먼 옛날 백제 사람들도 우리처럼 이런 생각을 하며 낚싯대를 드리웠을 지도 모를 일이다. 부여는 백마강과 지류의 영향을 많이 받아 수로와 강붕어 낚시가 성행하는 곳이다. 물론 저수지 중에서도 이에 뒤지지 않을 만큼 좋은 낚시터가 많다. 이 중 5곳을 선정해 소개한다.

낚시터 위치도

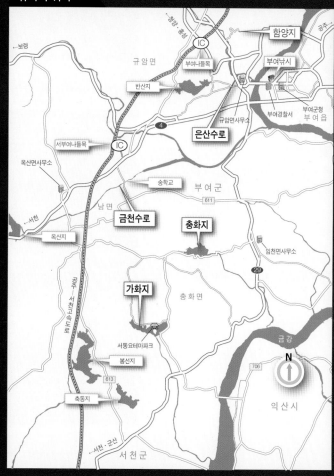

충남 부여
은산수로

주요 포인트는 백마강 본류 합수 지점 근처의 라복교 밑 보에서부터 규암면 함양리 서천공주고속도로와 만나는 지점까지다. 합수 지점은 원래 S자 모양으로 굽이쳐 본류로 들어가는 형태였지만 4대강 공사로 하천 폭이 3배 넓어졌고 석축을 새로 쌓았다. 본류에는 외래어종이 살지만 수로에는 그 개체수가 많지 않다. 평균 21~27cm 씨알의 붕어가 낚이며 월척급도 심심찮게 모습을 보여 준다. 연중 수량 변동이 심하지 않고, 여름까지 피라미가 설치지만 가을에는 잡어 성화 없는 순수한 붕어 입질을 감상할 수 있다. 사진은 읍내에서 가장 가까운 최하류 규암교 부근이다.

가는 길

부여읍내 부여경찰서에서 보령·서천 방면으로 진행한다. 백제교를 건너 규암면소재지 농기계대리점 앞에서 우회전한 뒤 만나는 첫 번째 다리 부근이 은산수로 하류 포인트다. 규암초등학교 앞에서 우회전해 2km 더 들어가면 함양리 은산천교 포인트에 도착한다.

주요 포인트

석축

수초대

낚시터정보

위치
충남 부여군 규암면 규암리~함양리

유형
수로

구간
규암리~향암리, 약 5km

포인트 개요

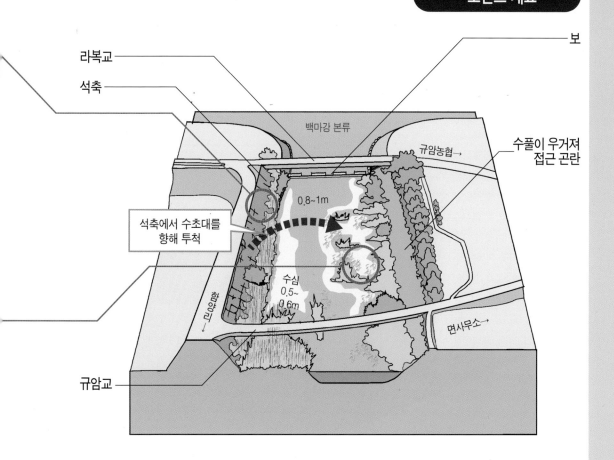

보

라복교

석축

수풀이 우거져
접근 곤란

백마강 본류

규암농협→

0.8~1m

석축에서 수초대를
향해 투척

수심
0.5~
0.6m

함양리

면사무소→

규암교

충남 부여
금천수로

옥산지에서 발원해 구룡면과 남면 평야지대를 흘러 백마강으로 들어가는 수로다. 꾼들의 발길이 가장 잦은 구간은 부여읍에서 12km 정도 떨어진 남면 일대. 이곳은 다른 지류와 합류하기 전 중상류에 해당하는 구간이다. 양 연안은 갈대밭이고 수로 가운데에 길게 수중섬이 있는 게 특징이다. 은산수로와는 달리 배스와 블루길이 서식하고, 그 외에도 동자개와 메기가 있다. 연중 수량이 일정해 1m 수심을 유지하는 편이지만 한 번 배수가 이루어지면 대량으로 물을 뺀다.

가는 길
서천공주고속도로 서부여나들목을 나가서 서천·군산 방면으로 우회전한 후 바로 길 왼쪽으로 국도를 빠져나가 좌회전, 송학리 방면으로 향한다. 마을을 지나면 바로 금천수로 송학교에 도착한다. 이곳을 기점으로 제방 위 도로를 따라 이동할 수 있다. 부여읍에서 금천수로 가려면 경찰서 앞에서 서부여나들목으로 가는 길을 택해 4번 국도로 진입, 보령·서천 방면으로 10km 진행하면 서부여나들목 앞에 도착한다. 그 이후는 앞에 설명한 것과 같은 방법으로 찾아간다.

주요 포인트

본류

수중섬 주변 둠벙

위치
충남 부여군 남면 동방리

유형
수로

구간
충남 부여군 남면~구룡면 일원, 약 4km

포인트 개요

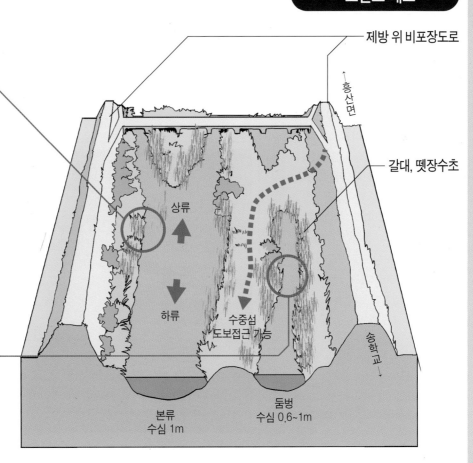

제방 위 비포장도로

흥산면

갈대, 뗏장수초

상류

하류

수중섬
도보접근 가능

송학교

본류
수심 1m

둠벙
수심 0.6~1m

충남 부여
함양지

함양리 마을 위 야산 중턱에 자리한 5,800제곱미터 규모의 소류지다. 위치를 찾기가 쉽지 않고 비포장 언덕길을 올라가야 하기 때문에 접근성이 떨어진다. 그러나 저수지 규모에 비해 붕어 자원이 많고 주위 경관이 수려하다. 제방 왼쪽 새물 유입구와 논두렁 밑 갈대밭 일대가 A급 포인트다. 제방 오른편에서도 낚시를 할 수 있지만 숲이 우거져 있어 불편하다. 수심은 가장 깊은 곳이 2m 전후이고 연안 수심은 평균 1~1.2m이다.

가는 길

규암면소재지 규암초등학교 앞에서 29번 국도를 따라 청양·논산 방면으로 간다. 길 오른쪽 함양리 표석 앞에서 오른쪽으로 빠져 600m 진행, 좌회전 한 뒤 바로 우회전해 마을로 들어간다. 작은 다리 앞 정자나무에서 우회전 한 후 농로를 따라 논밭을 통과, 언덕 쪽으로 계속 올라간다. 밤나무 밭 근처에서 포장도로가 끊기고 흙길을 따라 100m 정도 더 올라가면 오른쪽에 함양지가 보인다.

주요 포인트

제방 왼쪽

새물유입구 인근 갈대밭

낚시터정보

위치
충남 부여군 규암면 함양리

유형
준계곡형 저수지

면적
5,800제곱미터(약 1,800평)

포인트 개요

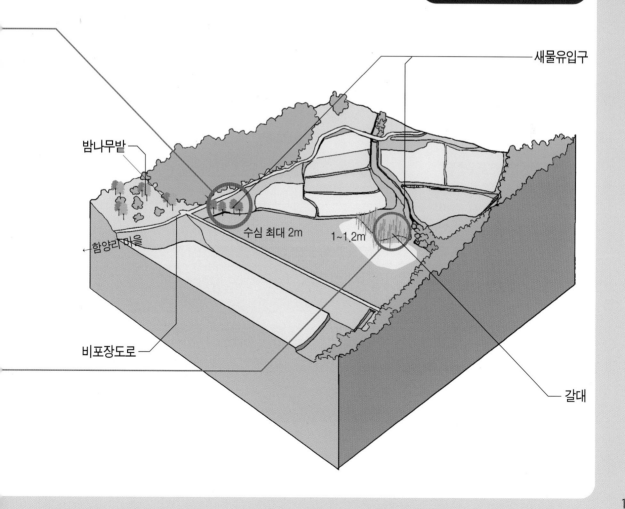

새물유입구

밤나무밭

함양리 마을

수심 최대 2m

1~1.2m

비포장도로

갈대

충남 부여
충화지
(복심지)

만수면적 68만 제곱미터 규모의 대형 저수지로 2011년 가을에 2년 동안의 제방 보강공사를 마쳤다. 토종붕어와 떡붕어가 공존하고 있다. 제방 공사가 끝난 후 다시 담수가 되자마자 마릿수 입질이 쏟아지기 시작했다. 예전에는 도로와 연안 사이에 논밭이 있었지만 모두 수몰되고 도로변에 새로 석축을 쌓았다. 봄에는 최상류와 저수지 양 옆 새물유입구 부근, 가을에는 중류 연안에서 조황이 좋다. 수심이 깊은 제방 부근은 떡붕어 포인트다.

가는 길

부여읍에서 4번 국도로 진입, 보령 방면으로 향한다. 부여대교를 건너자마자 29번 국도 군산 방면으로 좌회전한다. 약 10km 진행한 후 임천면소재지 앞 교차로에서 충화 방면으로 우회전, 3km 더 가면 충화지 제방이 보인다.

주요 포인트

최상류

제방 왼쪽 연안

제방권 떡붕어 포인트

위치
충남 부여군 충화면 복금리

유형
준계곡형 저수지

면적
68만 제곱미터(약 2만 평)

포인트 개요

갈대, 수몰나무

새물유입구

갈대

새물유입구

충화면사무소

제방공사 후 수몰

임천면사무소

새로 쌓은 석축

2011년 가을
제방공사 완료

충남 부여

가화지
(덕용지)

만수면적 60만 제곱미터의 대형 저수지다. 덕용리, 가화리, 송정리 3개 마을에 걸쳐 있어 여러 이름으로 불린다. 바위산을 중심으로 V자 모양으로 갈라진 독특한 모양의 저수지. 양쪽 연안에서는 반대편을 볼 수 없어 마치 다른 저수지 같은 느낌을 준다. 여건도 달라 오른쪽 골은 연안 수초 없이 깨끗하며 깊은 준계곡형이다. 왼쪽 골은 수몰나무, 부들, 마름과 수련이 있는 평지형이다. 원래 유료터로 운영되었지만 지금은 영업을 중단했다. 영업 당시 방류한 향어와 떡붕어가 낚인다. 배스 또한 많이 서식하고 있어 최근에는 지역 루어꾼들의 발길도 잦다.

가는 길

서천공주고속도로 서부여나들목을 나가서 군산 방면으로 우회전한다. 5km 진행한 후 흥산면소재지 앞 남촌사거리에서 충화 방면으로 좌회전, 8.5km 진행한다. 충화우체국을 지나 삼거리에서 직진, 이어 나오는 사거리에서 양화 방면으로 우회전해 4km 더 들어가면 가화지 상류에 도착한다. 부여읍에서 출발할 때는 충화지 최상류에서 200m 더 진행, 사거리에서 임천 방면으로 좌회전해 4km 더 들어가면 된다. '서동요 테마파크'를 기준 삼으면 보다 쉽게 찾아갈 수 있다.

주요 포인트

가든 앞

최싱류~테마파크

취수탑

위치
충남 부여군 충화면 가화리

유형
계곡형 저수지

면적
60만 제곱미터(약 18만 1,000평)

포인트 개요

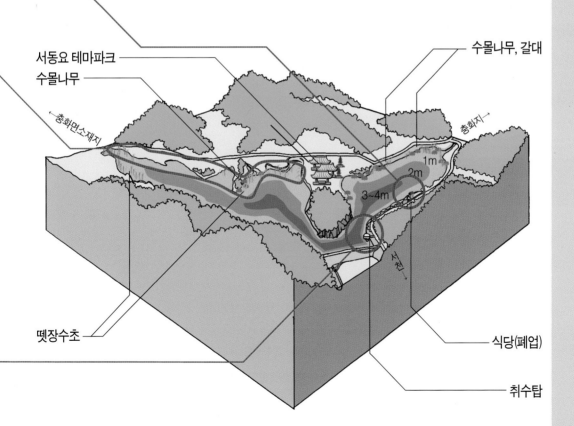

서동요 테마파크

수몰나무

수몰나무, 갈대

충화면소재지

충화지

1m

2m

3~4m

서천

떳장수초

식당(폐업)

취수탑

두곡지 충남 부여군 임천면 두곡리

부여권 최고의 월척터다. 수면적 3만 3,000제곱미터 규모의 계곡형 저수지로 25cm급 붕어가 평균 씨알이지만 4짜급 대형 붕어까지 올라온다. 월척 개체수도 풍부하다. 제방권 수심은 3칸대를 기준으로 3m며, 상류는 1.5m. 포인트는 전역에 걸쳐 고루 분포해 있으며, 월척 포인트도 고르게 나뉘어 있다.

가신지 충남 부여군 임천면 가신리

현지꾼들이 부여군 저수지 중 가장 확실한 월척터로 꼽는 곳이다. 수면적 8만 9,000제곱미터의 준계곡형 저수지다. 밤낚시에 낚이는 씨알이 굵다. 제방 왼쪽 상류 골자리 부근에서 월척급 이상 씨알 굵은 붕어의 밤 회유로가 있다. 수심은 1.5m며, 전체적인 수심도 1.5~2m로 고른 편이다. 낮낚시에 피라미의 성화만 극복하면 쉴 새 없는 입질을 받을 수 있다.

반조원수로 충남 부여군 세도면 반조원리

세도면에서 금강 본류와 만나는 수로다. 연안을 따라 갈대군이 폭넓게 깔려있어 얼핏 보면 낚싯대를 담가볼 엄두가 나지 않을 정도다. 그러나 가까이 가서 보면 폭이 꽤 넓고(20m까지) 수심도 1m 내외로 적당해서 앉을자리만 잘 찾으면 하루낚시를 충분히 즐길만한 곳이다. 바닥에는 의외로 밑걸림이 될 만한 잡목이나 장애물이 없다.

옥산지 충남 부여군 옥산면 봉산리

평지형 저수지다. 제방과 하류권의 급경사면을 제외하고는 거의 전역에서 낚싯대를 펼칠 수 있다. 수면적은 80만 제곱미터다. 특별한 낚시 시즌이 따로 없이 사철 낚시가 가능하고, 조황도 꾸준하다. 서식어종은 붕어, 잉어, 가물치가 주종이다. 수심은 2~3m 정도며, 낚싯대는 1.5칸에서 3.5칸까지 펼 수 있다.

초왕지 충남 부여군 양화면 오량리

지하 수로를 통해 금강 물이 끊임없이 유입되는 소류지다. 강준치도 초왕지에서는 심심찮게 낚인다. 대표적인 포인트는 최상류. 삼면이 석축으로 둘러싸인 초왕지의 특성상 최상류 일부만 가장 좋은 포인트를 형성하고 있다. 수심은 1~1.5m 정도며, 수초가 드물다. 한낮에 떡밥으로 시원한 찌올림을 즐길 수 있다.

미삭지·지동지·석두지·사갑지·화림지

인삼과 추어탕으로 유명한 고장 충남 금산은 대전광역시와 경계를 맞대고 있어 수도권에서 비교적 가까운 붕어낚시 출조지이기도 하다. 그러나 인근 고장보다는 붕어낚시터 소개가 덜 된 곳이다. 조황이나 낚시터 정보 또한 접하기 힘든 곳이다. 그러나 금산은 무시할 수 없는 민물낚시터 자원을 보유하고 있다. 백암산, 천태산, 대성산 등 여러 개의 산이 둘러싼 분지라 깊은 계곡형 저수지는 물론이고 수초로 덮인 평지형 저수지도 어렵지 않게 볼 수 있다.

대전광역시와 가까운 추부면과 금성면의 낚시터 5곳을 선정했다.

낚시터 위치도

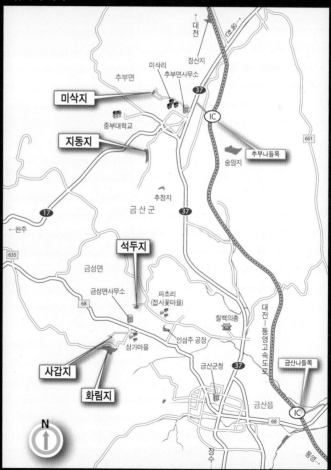

충남 금산
미삭지

미삭지는 마전리 마을 뒤편 깊숙한 골짜기에 숨은 소류지다. 수면적은 1만 제곱미터 정도다. 외래어종 없는 순수 붕어 마릿수터, 25cm 전후 씨알이 주종이다. 4짜급도 가끔 낚이지만, 2013년 물을 모두 빼고 준설공사를 한 이후 자취를 감췄다. 주로 쓰이는 미끼는 지렁이와 옥수수. 새우 미끼를 쓰면 월척급 입질도 기대할 수 있지만 잡어가 많아 힘든 낚시를 해야 한다. 주요 포인트는 2곳의 새물유입구 근처 뗏장수초가 자란 곳이다. 수심이 깊어 보이지만 중류~상류는 수심 1.5m 정도로 깊지 않고 바닥도 평편한 편이다. 배수는 거의 하지 않는다.

가는 길

통영대전고속도로 추부나들목을 나가서 국도로 진입하지 않고 직진한 뒤 좌회전, 국도 옆 왕복 2차선 도로를 타고 추부 방면으로 진행한다. 길 오른쪽 미삭마을 표석을 보고 우회전, 마을 뒤편 정자나무 위쪽 골짜기로 400m 정도 올라가면 미삭지에 도착한다. 진입로를 따라가다 보면 갈림길이 나오는데, 여기서 제방 왼쪽으로 올라갈지 오른쪽으로 올라갈지 선택하면 된다. 저수지에서는 양쪽 연안 건너편으로 이동할 수 없다.

주요 포인트

마른 새물유입구 부근

주 새물유입구 부근

낚시터정보

위치
충남 금산군 추부면 마전리

유형
계곡형 저수지

면적
1만 제곱미터(약 3,000평)

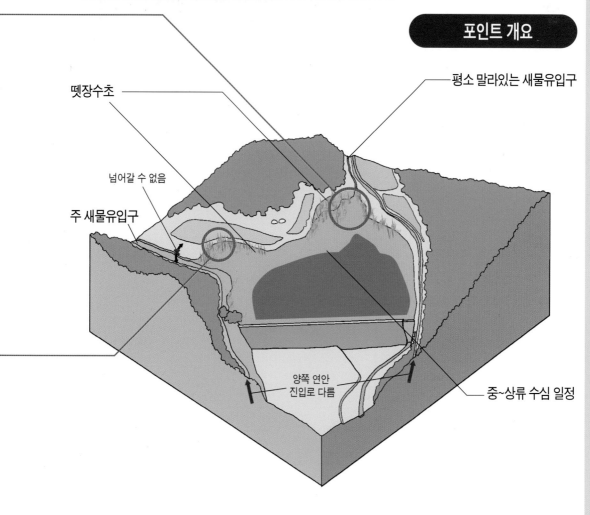

포인트 개요

평소 말라있는 새물유입구

뗏장수초

넘어갈 수 없음

주 새물유입구

양쪽 연안
진입로 다름

중~상류 수심 일정

충남 금산
지동지
(목골지)

지동지는 배스가 유입된 대형붕어터로, 수면적 4만 8,000제곱미터 규모의 준계곡형 저수지다. 원래 자원이 많지 않은 저수지로 알려져 있다. 그러나 지난 2013년 여름 가뭄에 수량이 줄었을 때 좁아진 수면에 붕어가 득실대는 것을 확인하고 놀란 낚시꾼들이 적지 않다고 한다. 정식 명칭과는 별도로 흔히 '목골지'란 이름으로도 불리고 있다. 하지만 금산군 내 '목골지'로 불리는 저수지가 2곳 더 있어 위치를 정확하게 확인한 후 찾아가야 한다. 주로 쓰이는 미끼는 옥수수와 글루텐. 주 포인트는 상류 인근이고 준계곡형 저수지라 상류~중류는 수심 1.5~2m로 일정하다 갑자기 깊어진다.

가는 길
통영대전고속도로 추부나들목을 나가서 17번 국도를 따라 금산 방면으로 진입한다. 마전교차로에서 추부·마전리 방면으로 우회전한 뒤 추부면소재지 내 동해반점 앞 사거리에서 전주 방면으로 좌회전한다. 이어 용지삼거리에서 용지1리 방면으로 좌회전, 800m 진입하면 지동지 제방이 보인다.

주요 포인트

최상류 수몰나무·수초 포인트

중류 도로 옆

위치
충남 금산군 추부면 용지리

유형
준계곡형 저수지

면적
4만 8,000제곱미터(약 1만 4,500평)

포인트 개요

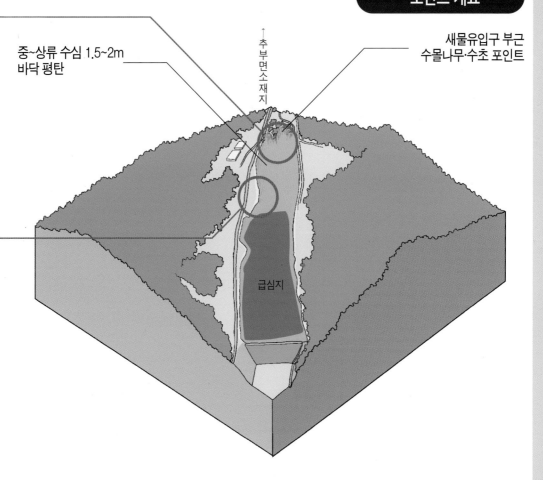

중~상류 수심 1.5~2m
바닥 평탄

새물유입구 부근
수몰나무·수초 포인트

↑ 추부면소재지

급심지

충남 금산
석두지

석두지는 가물치가 많은 평지형 저수지다. 한 때 배스가 유입된 적이 있었으나 가물치 때문인지 어느새 배스는 자취를 감췄다는 게 현지꾼들의 전언이다. 또 붕어가 여간해서는 수초 밖으로 나오지 않아 터가 센 편이다. 수면적 1만 2,000제곱미터 정도의 소류지에 마름이 가득 차 있고, 이 마름은 다른 지역보다 보름 정도 늦게 삭는다. 농업용수 기능을 하지 않아 배수기에도 물을 빼는 일이 없다.

가는 길

통영대전고속도로 금산나들목을 나가서 금산읍으로 진입한다. 금산우체국 사거리에서 대전·추부 방면으로 우회전, 37번 지방도를 타고 칠백의총 앞 의총삼거리에서 좌회전, 의총 앞에서 왼쪽 길로 들어가 수로변 도로를 따라 3.5km 진행한다. 파초리를 지나 길 왼쪽 반사경을 보고 좌회전, 250m 정도 들어가면 왼쪽에 석두지가 있다.

농로~논두렁

새물유입구 인근 수초밭

위치
충남 금산군 금성면 두곡리

유형
평지형 저수지

면적
1만 2,000제곱미터(약 3,600평)

포인트 개요

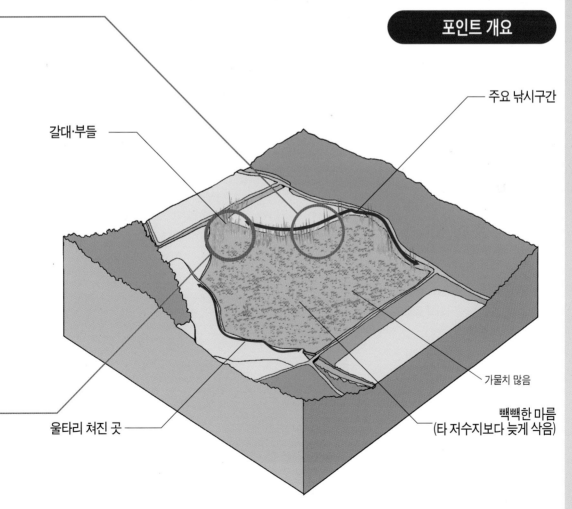

주요 낚시구간

갈대·부들

가물치 많음

빽빽한 마름
(타 저수지보다 늦게 삭음)

울타리 쳐진 곳

충남 금산
사갑지

사갑지는 원래 마을 뒤편의 작은 연못 취급을 받던 곳이었지만, 대형붕어낚시가 유행하면서 주목받기 시작했다. 이후 30cm 후반부터 4짜까지 대형붕어를 토해내며 현지꾼들에게 널리 알려졌다. 하지만 지금은 그 자원이 많이 줄어들었다. 수면적은 5,000제곱미터. 원래 연밭이 있던 곳이지만, 2013년부터 그 세력이 커져 지금음 저수지 전체를 연이 꽉 채우고 있다. 갈대와 부들도 다른 저수지보다 빽빽하고 크게 자란다. 제방 왼쪽 연안, 저수지 각 귀퉁이에 찌를 세울 수 있는 구멍이 있다.

가는 길
금산읍내 금산우체국 사거리에서 남이 방면으로 진입한 후 바로 우체국 뒤편으로 빠지는 68번 지방도로를 따라 진산 방면으로 4km 진행한다. 금성면소재지로 진입하기 전 길 왼쪽 상가마을 표석을 확인한 뒤 수로 변 둑길로 좌회전, 1km 들어간 뒤 야산 밑 삼거리에서 왼쪽 오르막길로 올라가면 사갑지에 도착한다.

주요 포인트

상류 도로 밑

제방권

무넘기 주변

낚시터정보

위치
충남 금산군 금성면 상가리

유형
평지형 저수지

면적
5,000제곱미터(약 1,500평)

포인트 개요

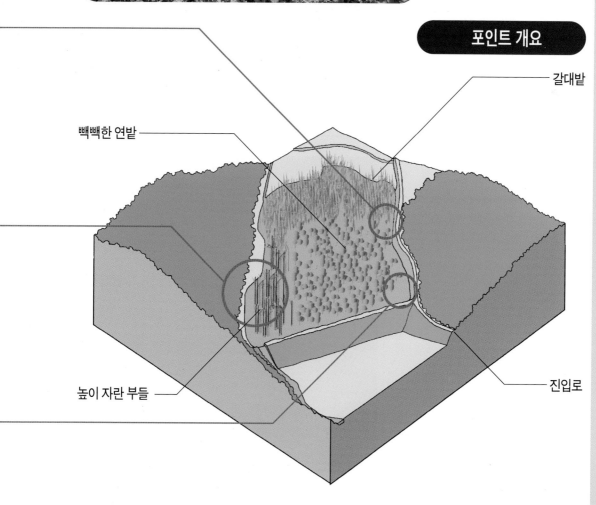

갈대밭

빽빽한 연밭

높이 자란 부들

진입로

충남 금산
화림지

화림지는 앞서 소개한 사갑지 인근에 있는 수면적 9만 4,000제곱미터 규모의 준계곡형 저수지다. 4짜 확률이 높은 대형붕어낚시터다. 잔챙이가 아주 많은 저수지에서 배스가 유입된 이후 대형붕어터로 바뀌었다. 하지만 아직도 피라미 등 잡어는 많다. 주요 포인트는 제방에서 마주 보이는 새물유입구 주변 연안이다. 이곳은 원래 부들이 넓게 퍼진 곳이었으나 준설 이후 수초가 대부분 사라졌다. 바닥에 굴곡이 있어 이 사이로 찌를 세우면 짧은 대에서도 입질이 잘 들어온다.

가는 길
사갑지 갈 때와 마찬가지로 68번 지방도를 통해 금성면까지 간다. 금성 면사무소 앞에서 좌회전해 1.2km 정도 농로를 따라 들어가면 화림지 제방이 보인다.

제방 맞은편 새물유입구

도로 밑 마름밭

포인트 개요

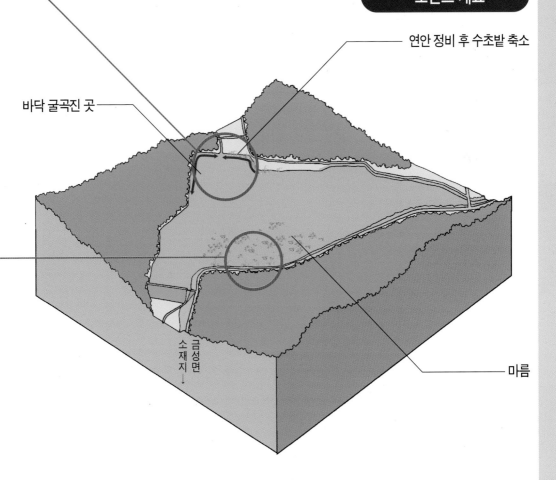

연안 정비 후 수초밭 축소

바닥 굴곡진 곳

금성면
소재지 ↓

마름

숭암지 충남 금산군 추부면 장대리

가파른 협곡을 막아 만든 11만 제곱미터 규모의 계곡형 저수지다. 물이 깨끗하고 주변 경관도 아름다워 여름철 피서를 겸한 밤낚시터로 각광받고 있다. 서식어종은 붕어와 잉어가 절대적으로 많다. 특히 잉어자원이 많고, 그 씨알도 굵은 편이라서 붕어꾼보다 잉어꾼들이 즐겨 찾는다. 포인트는 제방 왼쪽 연안.

신동지 충남 금산군 남일면 신동리

수면적 11만 9,000제곱미터 규모의 저수지. 제방 근처에 가면 인삼냄새가 물씬 나는, 일명 '인삼붕어 저수지'다. 제방 아래 약간의 인삼밭을 제외하고는 저수지의 물을 쓸 만한 몽리면적이 없다. 상류 일대에서 낚이는 붕어의 씨알이 굵은 편이다. 연안 경사는 완만하고, 평균 수심은 1.5m. 수초가 거의 없는 맨바닥 지형이라 떡밥낚시가 유리하다.

나천지 충남 금산군 부리면 창평리

수면적 1만 제곱미터 규모의 소류지다. 여름시즌에는 수면이 연으로 뒤덮이는 곳이다. 터가 세기로 유명하고, 참붕어 미끼에 반응이 좋은 낚시터로 알려져 있다. 통영대전고속도로 금산나들목에서 5분 거리. 손을 많이 탄 후에는 마을에서 낚시꾼들의 진입을 막기도 했다. 붕어 외에도 가물치가 서식한다.

사정지 충남 금산군 남이면 매곡리

수면적 1만 제곱미터 규모의 소류지다. 중촌마을에 있어 현지에서는 중촌지라 부른다. 마을 정자와 고목이 연안에 우뚝 서 있어 풍광이 좋은 곳이다. 연안을 따라 마름과 말풀, 뗏장수초가 깔려있다. 상류에 새물이 유입되는 두 군데가 포인트. 자생하는 참붕어를 미끼로 쓰면 씨알 굵은 붕어의 입질을 기대할 수 있다.

역평지 충남 금산군 남이면 역평리

남이면에서 남이자연휴양림 가는 길의 배티재 입구에 있는 계곡형 저수지다. 수면적은 4만 제곱미터. 전체적으로 수심이 깊어 붕어의 손맛은 좋은 편이다. 참붕어와 납자루 등이 자생하고 있어 이들을 채집해서 미끼로 쓰면 된다. 상류에서 계곡물이 항상 흘러들고 있어 여름 피서낚시터로 적합한 곳.

갈마수로·검은여수로·봉락지·흑석지·강수지·화곡지·명지지·고남지

서산의 붕어낚시터는 간척지 수로와 내륙 쪽 저수지로 분류할 수 있다. 특성상 간척지 수로는 대규모와 풍부한 자원을 자랑한다. 특히 서산은 천수만 A B지구는 물론이고, 대호까지 포함되어 이들 수로권 붕어낚시 포인트는 실로 어마어마하다. 사실상 간척지 수로가 서산 붕어낚시 포인트의 대부분을 차지하고 있지만 아기자기한 씨알에 마릿수를 보장하는 중소규모 저수지도 만만치 않다. 관리형 유료터로 속속 전환되고 있는 당진과는 달리 서산권 저수지는 아직 무료터로 남아 있는 곳이 많다.

낚시터 위치도

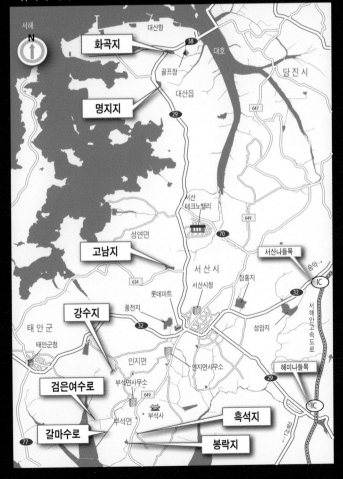

충남 서산
갈마수로

서산시 부석면을 통과해 부남호로 흘러드는 큰 수로다. 원래 있던 하천(장검천)에 간척지가 조성되면서 생긴 인공수로가 합쳐진 곳이다. 하류 쪽 수로 폭은 75m 정도. 양쪽 연안에 갈대밭이 발달해 있다. 낚시꾼들이 선호하는 곳은 부남호 본류부터 펌프장까지 900m 남짓한 구간이다. 상류 쪽으로 봤을 때 왼쪽 연안이 낚시하기 편하다. 맞은편은 갈대밭이 너무 넓은 탓에 대낚시가 불가능한 곳이 많다. 이곳은 부남호 본류대와 직접 물길이 통하는 곳으로, 수심만 안정되면 조과는 보장된다. 외래어종이 서식하지만 부남호가 워낙 넓기 때문에 마릿수도 만만치 않고 4짜도 간간이 나온다. 초봄부터 여름까지 오름수위와 산란철에 조황이 좋다.

가는 길

서해안고속도로 홍성나들목을 나가서 좌회전, 96번 지방도를 타고 태안 방면으로 진행, 서산A지구 방조제와 간월도를 지나 B지구 방조제 입구의 현대서산농장 정문을 끼고 좌회전한다. 부남호변으로 나 있는 도로를 따라 6.5km 정도 진행하면 오른쪽에 갈마수로가 있다.

주요 포인트

양수장 근처

갈대밭 대낚시 포인트

낚시터정보

위치
충남 서산시 부석면 갈마리

유형
수로

구간
천수만 간척지 내 양수장~부남호 본류,
약 900m

포인트 개요

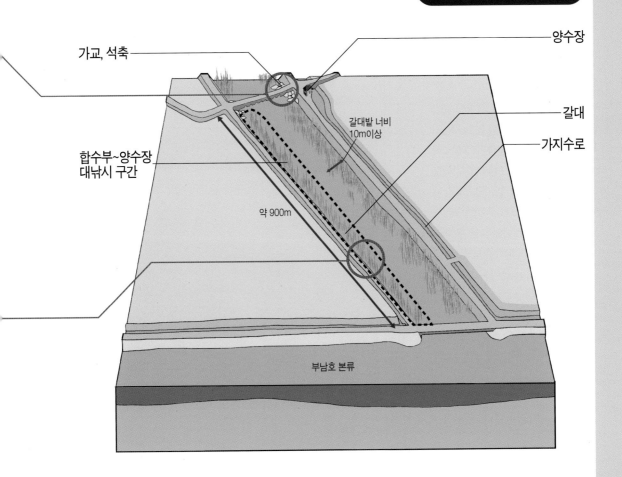

가교, 석축

양수장

갈대

가지수로

합수부~양수장
대낚시 구간

갈대밭 너비
10m이상

약 900m

부남호 본류

충남 서산
검은여수로

갈마수로 북쪽으로 1.5km 거리에 있으며 서산B지구 간척지를 동서로 가로질러 부남호로 흘러드는 길이 1.8km, 폭 25m 규모의 간척지 수로다. 기존 하천을 연장한 갈마수로와는 달리 농업용수 공급 목적으로 인공 조성한 수로로, 부남호 수위 변화의 영향을 크게 받는다. 평균 수심은 1.5m 정도로, 대낚시로 맞은 편 연안에 찌를 세우면 된다. 종종 갓낚시를 하기도 하고, 얼음낚시도 가능하다. 비올 때 조황이 좋아지는 특징이 있다.

가는 길

서해안고속도로 서산나들목을 나가서 좌회전, 32번 국도를 타고 서산시내로 진입한 후 공림삼거리에서 좌회전해 649번 지방도를 타고 간월도 방면으로 진행한다. 인지면소재지 내 차부D.C 슈퍼 앞에서 우회전, 포장도로를 따라 5km 진행한 다음 부석 방면으로 좌회전해 1km 정도 진행, 길 오른쪽 송시1리·검은여 이정표를 보고 우회전해 들어간다. '검은여 1길' 안내표지를 따라 다시 3km 진행하면 축사 앞에 닿는다. 여기서 언덕길을 내려가 우회전하면 검은여수로가 나온다.

수로 연안

낚시터정보

위치
충남 서산시 부석면 갈마리

유형
수로

구간
서산 현대농장 내 활주로~부남호 본류,
약 1.8km

포인트 개요

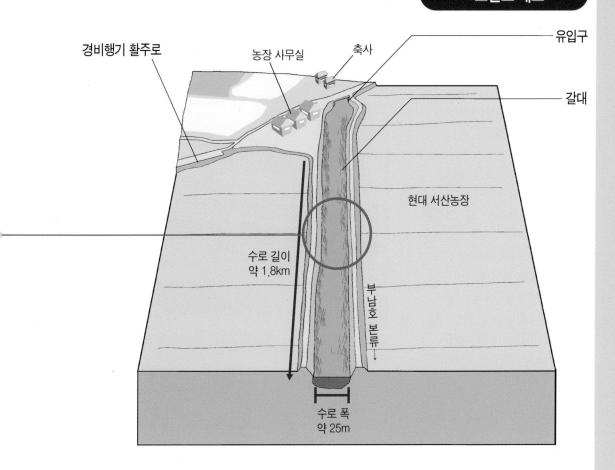

경비행기 활주로

농장 사무실

축사

유입구

갈대

현대 서산농장

수로 길이
약 1.8km

부남호 본류

수로 폭
약 25m

충남 서산
봉락지

봉락수로의 수원지 역할을 하는 수면적 7만 5,000제곱미터 규모의 평지형 저수지다. 외래어종은 아직 유입되지 않았고, 마릿수를 기대할 수 있는 낚시터다. 봄부터 여름까지는 잔챙이가 많으나 늦가을부터 수면이 얼 때까지 상류 수초밭 포인트에서 월척급 손맛을 볼 수 있다. 얼음낚시 시즌에도 꾼들이 즐겨 찾는 곳인데, 마릿수를 낚을 수 있다. 제방에서 상류 쪽을 봤을 때 무넘기 오른쪽과 제방 왼쪽에 각각 연밭이 자리 잡고 있다.

가는 길

서해안고속도로 서산나들목을 나가서 좌회전, 32번 국도를 따라 서산 시내로 진입한 후 공림삼거리에서 좌회전한다. 649번 지방도로를 따라 간월도 방면으로 진행, 인지면 소재지-부석면 소재지로 진입한다. 부석면사무소에서 서산B지구 방조제 쪽으로 3.5km 진행한 다음 국기대수퍼 앞에서 오른쪽 샛길로 빠져 700m 정도 진행하면 봉락지 상류에 닿는다. 슈퍼마켓을 지나 길 오른쪽 칠전리 표석을 확인한 다음 표석 뒤쪽 샛길로 우회전해 300m 정도 들어가면 봉락지 무넘기 앞에 닿는다.

상류 수초밭

무넘기 주변 갈대·연밭

낚시터정보

위치
충남 서산시 부석면 봉락리

유형
평지형 저수지

면적
7만 5,000제곱미터

포인트 개요

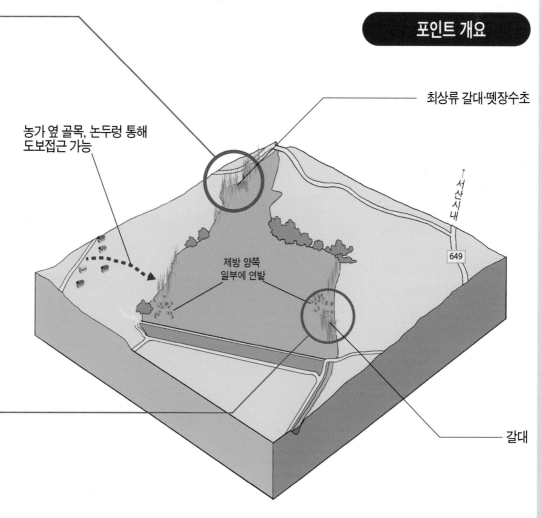

최상류 갈대·뗏장수초

농가 옆 골목, 논두렁 통해
도보접근 가능

↑ 서산시내

649

제방 양쪽
일부에 연밭

갈대

충남 서산
흑석지

도로변에 있는 1만 5,000제곱미터 규모의 평지형 저수지다. 바닥 경사가 가파르고 수심도 3m 정도로 깊다. 보통 2.5칸 이상 낚싯대를 쓰면 2.5m 정도 수심이 나오며, 20cm대 씨알로 마릿수를 낚을 수 있다. 월척급 이상을 노리려면 수초 구멍치기나 갓낚시로 철저히 연안 가까운 곳에 찌를 세워야 한다. 붕어 씨알은 최대 39cm까지 확인된 바 있으나, 35cm 이상 대형급은 거의 볼 수 없다. 외래어종은 없고 붕어와 잉어가 많이 서식한다.

가는 길

인지면소재지까지는 검은여수로 가는 길과 같다. 인지면소재지에서 계속 진행해 부석면소재지까지 통과한다. 부석면사무소에서 649번 지방도를 타고 서산B지구 방조제 방면으로 계속 진행, 오일뱅크 주유소 앞에서 지산리 방면으로 좌회전한 다음 300m 정도 들어가면 길 왼쪽에 흑석지가 있다.

주요 포인트

제방권

상류 논두렁

낚시터정보

위치
충남 서산시 부석면 봉락리

유형
평지형 저수지

면적
1만 5,000제곱미터(약 4,500평)

포인트 개요

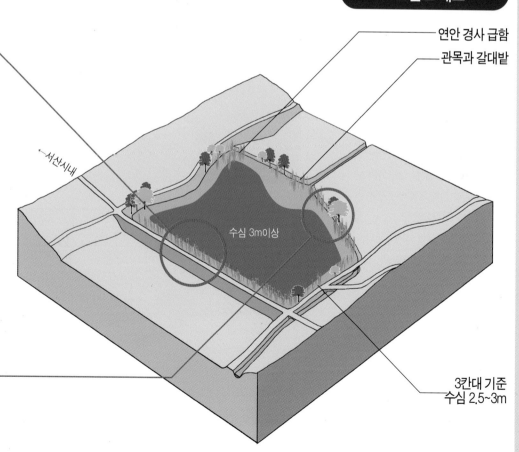

연안 경사 급함

관목과 갈대밭

← 서산시내

수심 3m이상

3칸대 기준
수심 2.5~3m

충남 서산
강수지

면적 4만 2,000제곱미터의 준계곡형 저수지다. 외래어종은 없고 월척급 이상은 보기 힘들지만 떡밥으로 마릿수를 낚을 수 있는 저수지다. 중류까지는 1~1.5m 정도로 일정한 수심을 유지하다가 제방 근처에서 4m까지 급격히 수심이 깊어진다. 늦여름부터 가을까지는 새우 미끼로 준척급까지 낚을 수 있다.

가는 길

서산 시내에서 태안 가는 32번 국도로 진입한다. 법원·검찰청 앞을 지나 풍전교차로에서 국도를 빠져나가 가사리·강수리 방면으로 좌회전한다. 다리 앞 삼거리에서 우회전, 다리를 건너 5km 전행한 다음 가사초등학교 앞 가사 2리 삼거리에서 부석 방면으로 좌회전, 800m 앞 길 오른쪽의 창고 앞으로 우회전해 500m 진입하면 오른쪽에 강수지가 보인다.

주요 포인트

상류 준설한 곳

제방 왼쪽 수심 깊은 곳

제방 오른쪽 석축

위치
충남 서산시 부석면 강수리

유형
계곡형 저수지

면적
4만 2,000제곱미터

포인트 개요

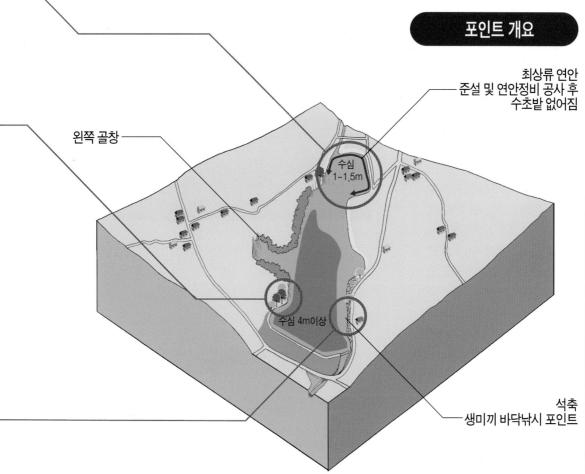

최상류 연안
준설 및 연안정비 공사 후
수초밭 없어짐

왼쪽 골창

수심
1~1.5m

주심 4m이상

석축
생미끼 바닥낚시 포인트

충남 서산
화곡지

1945년 축조된 평지형 저수지다. 3만 제곱미터(약 9,000평)면적으로 당산지와 비슷한 규모. 배스가 다수 서식한다. 마릿수는 기대하기 어렵지만 한 번 입질을 받으면 대형급이 걸려드는 전형적인 배스 서식지에서의 붕어낚시 여건을 보인다. 수초대가 대단히 폭넓게 퍼져 있다. 중류는 거의 모든 수면을 부들밭이 뒤덮고 있으며 바닥에는 퇴적물이 쌓여 수심이 얕다. 2011년 상류 일부 지역을 준설했고 차후 추가 준설 계획이 있지만 실제로 이루어지고 있지는 않다. 연안 대낚시는 새물유입구 부근 논두렁이나 제방 인근이 적합하다.

가는 길

당진에서 진입할 경우 당진읍 당진교육청 앞 사거리에서 615번 지방도를 타고 석문 방면으로 가다 삼봉리 부동산사무소 앞 삼거리에서 좌회전, 38번 국도를 통해 대호방조제를 건너 3km더 진행하면 화곡지 옆에 도착한다. 서산 쪽에서 접근할 경우 해미나들목을 나와 서산 방면으로 직진, 29번 국도를 타고 대산 방면으로 진행하다 명지교차로에서 우회전, 3km 더 가면 된다.

상류 논두렁

중류 부들밭 보트낚시 포인트

제방권

위치
충남 서산시 대산읍 화곡리

유형
평지형 저수지

면적
3만 제곱미터(약 9,000평)

포인트 개요

준설 구역(수심 2.5m)

물길

부들밭

비닐하우스

상류 대낚시 포인트
(수심 1m이내)

주유소

서산시내

22

대호방조제

새물유입구

하류 대낚시 포인트
(수심 1~1.5m)

충남 서산
명지지
(물안지)

수면적 14만 제곱미터(약 4만 2,000평) 규모의 준계곡형 저수지다. 배스가 서식하고 있다. 새물유입구 부근을 제외하고는 연안에 이렇다 할 수초대가 없이 깨끗하다. 새물유입구를 제외하고는 부들이나 뗏장 등 정수수초대가 없다. 연안을 따라 말풀지대가 띠처럼 분포하고 있다. 전반적으로 상당히 깔끔한 느낌을 주는 곳으로 물이 맑고 수심이 깊어 3~3.5칸대까지만 쓰면 된다. 주요 공략 포인트는 말풀지대 가장자리. 떡밥이나 글루텐 미끼가 주로 쓰인다.

가는 길

화곡지와 같은 길로 이어져 있다. 당진 방면에서 접근할 경우 화곡지를 지나 3km 더 가면 되고, 서산에서 접근할 때는 서산소방서 앞에서 29번 국도를 통해 대산 방면으로 24km 정도 진행하면 된다. 명지지 상류와 인접한 국도변에 오일뱅크 주유소가 있으므로 그 곳을 이정표 삼으면 쉽게 위치를 찾을 수 있다.

공업사 앞

도로 주변

포인트 개요

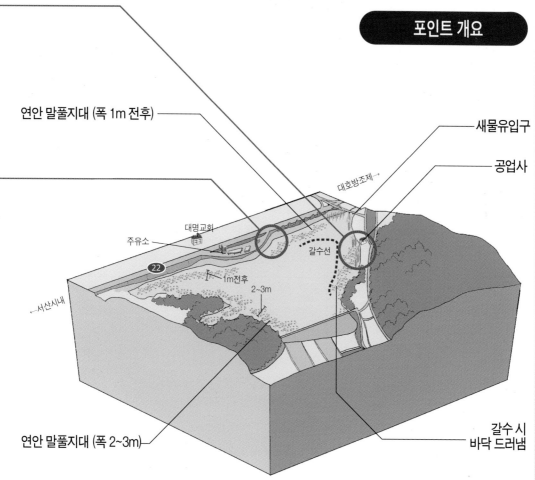

연안 말풀지대 (폭 1m 전후)

새물유입구

공업사

대호방조제

대명교회

주유소

22

갈수선

1m전후

2~3m

서산시내

연안 말풀지대 (폭 2~3m)

갈수 시
바닥 드러냄

충남 서산
고남지
(성연지)

1968년 축조된 22만 제곱미터(6만 6,000평) 규모의 계곡형 저수지다. 계곡지 답게 물이 맑고 수심이 깊다. 마사토로 이루어진 바닥은 감탕이나 펄 없이 깨끗하며 중·상류 지역에는 말풀이 많이 자라고 있다. 연안 대낚시는 주로 상류에서 이루어진다. 북쪽 마을 앞과 남쪽 도로변 석축이 주요 포인트. 수위가 낮아지는 배수기에는 보트낚시가 유리하다. 중류 밑으로는 연안 경사가 급하지만 제방 오른쪽 중류 골창과 제방 근처 연안에 낚시를 할 수 있는 자리가 눈에 띈다. 갈수기 때 좋은 포인트. 봄 연안 대낚시에는 지렁이 미끼가 좋고, 여름에는 보트낚시가 유리하다. 하류 맨바닥에서는 떡밥이 잘 먹힌다.

가는 길
서해안고속도로 해미나들목을 나가서 29번 국도를 따라 서산 시내를 지나 대산 방면으로 향한다. 일람사거리에서 팔봉 방면으로 좌회전, 634번 지방도를 통해 1km 진행하면 성연지 제방에 닿는다. 제방에는 '고남저수지'라고 표기된 간판이 서 있다.

주요 포인트

제방권

중류 말풀지대

석축

낚시터정보

위치
충남 서산시 성연면 고남리

유형
계곡형 저수지

면적
22만 제곱미터(약 6만 6,000평)

포인트 개요

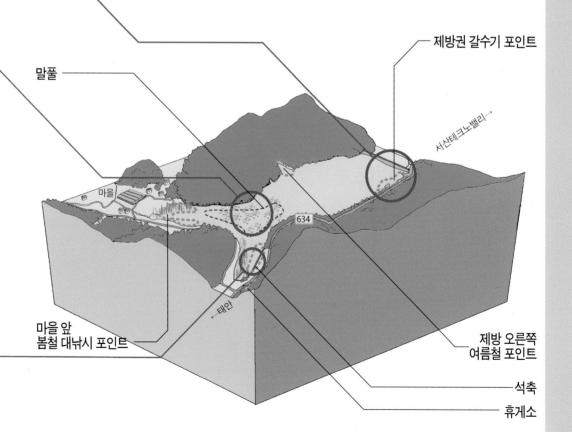

말풀

마을

제방권 갈수기 포인트

서산테크노밸리

634

태안

마을 앞
봄철 대낚시 포인트

제방 오른쪽
여름철 포인트

석축

휴게소

덕송지 충남 서산시 팔봉면 호리

1986년 준공된 만수면적 1만 5,000제곱미터 규모의 계곡형 저수지. S자 형태로 이루어진 특이한 수면과 상류와 하류 두 개의 제방을 가지고 있다. 주변이 가파른 산으로 둘러싸여 있어 물낚시 포인트는 많지 않지만 얼음이 두껍게 어는 한겨울이면 얼음판이 뜨겁게 달아오르는 곳이다. 인근에 철새 생태관광 코스가 있다.

지곡지 충남 서산시 지곡면 도성리

대요지라는 이름으로 더 유명한 곳이다. 수면적은 15만 2,000제곱미터. 제방 높이 4.3m, 제방 길이 324m의 전형적인 평지형 저수지다. 전역에 마름과 연, 부들, 갈대 등 다양한 수초들이 잘 발달해 있다. 특히 저수지 중앙으로 길게 이어진 갈대는 1954년 확장 준공되기 전 기존의 저수지 제방 위에서 자란 것들이다. 한 수면에 두 개의 제방이 있는 특이한 모습.

중왕수로 충남 서산시 지곡면 중왕리~산성리

가로림만을 막아 만든 수로다. 조과의 기복은 있지만 수도권 꾼들에게 쏠쏠한 손맛을 주는 낚시터다. 얼음낚시는 수로 한가운데 포인트가 집중되지만 수온이 오르기 시작하면 연안 부들과 갈대 쪽으로 마릿수가 몰린다. 연안으로 수초 발달이 좋고, 낚싯대를 드리울 만한 포인트가 많아 단체 출조 꾼들이 즐겨 찾는 곳이다.

사기리수로 충남 서산시 고북면 사기리

서산 사기리수로는 서산 A지구 방조제가 있는 간월호 중류에 위치한 길이 2km 남짓한 수로를 말한다. 매년 봄과 가을에 대형급 붕어가 마릿수로 배출되는 곳이다. 초봄과 가을에 새우미끼로 대형월척 손맛을 볼 수 있다. 수심은 1m 내외지만 하류 수문을 열면 채비를 내리기 힘들 정도로 물이 빠지기도 한다.

성암지 충남 서산시 음암면 성암리

1989년 상수원 보호구역으로 지정됐다가 2006년에 해제된 곳. 토종붕어는 물론이고 떡붕어 자원이 많아 충남의 대표적인 충층터다. 매년 5월 말 배수기 때 어마어마한 양의 떡붕어가 제방권으로 몰리면서 산란기 바닥낚시에 이어 중층낚시가 본격적인 성황을 이루기 시작한다.

사정지·용산지·소이지·구안지·하당지

음성은 계곡지의 천국이다. 이미 명성이 자자한 금왕읍의 '3형제 저수지'를 위시한 대형 계곡지와 구석구석 박한 중·소형 계곡지는 대형붕어터로서 그 몫을 다하고 있다. 중부고속도로를 이용하면 수도권에서 1~2시 간이면 닿을 수 있다는 것도 장점이다. 유명 저수지는 점차 유료터화 되는 추세지만 아직 무료 붕어낚시터 의 자유로움을 만끽할 수 있는 곳도 많이 남아 있다.

낚시터 위치도

사정지
(무극지)

금왕읍 무극 시가지 남쪽의 3형제 저수지 중 하나다. 양쪽에 위치한 백야지와 금석지는 유료터이고, 사정지는 유료터였다가 영업을 중단했다. 도수관을 통해 이웃 저수지의 조정지 역할을 하기 때문에 자체적으로 배수작업을 하지 않는다. 그러나 갈수기 때는 낚시가 잘 되지 않는 게 특징이다. 준계곡형 저수지로 봄과 장마철 조황이 좋다. 배스와 블루길이 서식하지만 그 개체수가 적어 새우 등 생미끼 대형붕어낚시가 가능하다. 붕어와 잉어, 외래어종 외에도 떡붕어와 향어의 손맛이 쏠쏠하다. 겨울에는 빙어 얼음낚시로 북적거리는 곳.

가는 길

중부고속도로 음성나들목을 나가서 좌회전, 대소면 소재지 초입에 있는 대소삼거리에서 충주·금왕 방면으로 직진한다. 금왕읍 무극 시가지 내 주공아파트를 지나 다리를 건넌 후 마트 앞 사거리에서 우회전, 돌모루 천변 도로를 따라 오르막길을 계속 올라가면 길 오른쪽 정면에 사정지 제방이 보인다.

주요 포인트

사정교

레스토랑 앞

최상류 수몰나무 지대

낚시터정보

위치
충북 음성군 음성읍 사정리

유형
계곡형 저수지

면적
45만 제곱미터(약 13만 6,000평)

포인트 개요

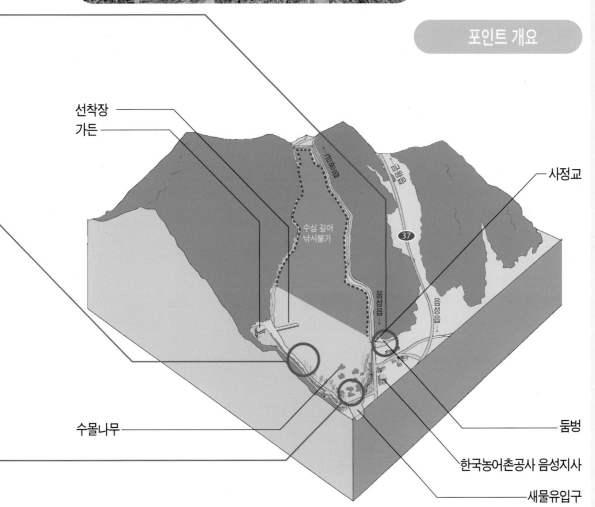

선착장
가든
사정교
수심 깊어
낚시불가
음성읍
음성읍
미양리
37
금왕읍
수몰나무
둠벙
한국농어촌공사 음성지사
새물유입구

용산지

전형적인 계곡지로 5짜가 확인된 저수지. 20cm부터 4짜급까지 다양한 씨알의 붕어가 낚이며 입질 받기는 어렵지만 때를 잘 맞추면 의외의 호황을 누릴 수 있다. 낚시의 적기는 봄철과 장마철. 배수기에는 말풀지대를 찾아 찌를 세우면 좋은 결과를 볼 수 있다. 주로 사용되는 미끼는 떡밥과 글루텐. 주 입질 시간대는 초저녁 일몰 무렵과 새벽 1시~5시이지만 이 때 입질을 받지 못했을 경우 오전 낚시에 조황이 좋을 경우가 많으므로 참고할 것. 상류 지역에 군에서 운영하는 삼림욕장과 체육공원이 있어 가족 동반 낚시터로 좋다.

가는 길

음성군청 앞 교동사거리에서 신니·등기소 방면 도로를 따라간다. 3km 정도 계속 직진하면 길 왼쪽에 용산리 표석이 보이고, 곧이어 예비군훈련장 이정표가 나온다. 오른쪽 길로 들어가면 용산지 취수탑~묘자리 포인트로 접근할 수 있다. 이정표 앞에서 우회전하지 않고 계속 길을 따라 300m 정도 더 진행하면 왼쪽 골자리 포인트로 접근한다.

주요 포인트

좌측골

묏자리 앞

취수장~뽕나무

낚시터정보

위치
충북 음성군 음성읍 용산리

유형
계곡형 저수지

면적
3만 제곱미터(약 9,000평)

포인트 개요

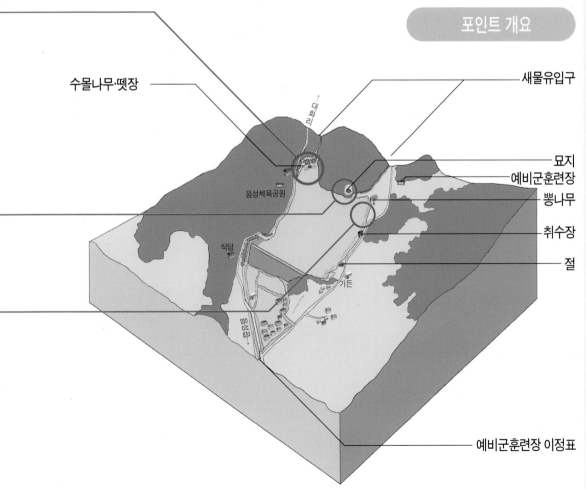

수몰나무·뗏장

새물유입구

음성체육공원

묘지
예비군훈련장
뽕나무
취수장
절

식당

예비군훈련장 이정표

충북 음성
소이지
(충도지)

전형적인 계곡지인 소이지는 붕어 산란이 인근의 다른 저수지보다 늦게 시작되는 것이 가장 큰 특징이다. 낚이는 붕어의 씨알은 잔챙이부터 4짜급까지 매우 다양하다. 특히 봄철에 큰 붕어가 잘 낚인다. 배스와 블루길 때문에 떡밥 계열 미끼를 주로 쓰지만 장마철에는 지렁이도 많이 쓴다. 배스 개체수가 꽤 많다. 따라서 한 자리에서 2~3마리 정도의 배스가 연달아 낚인다면 그 곳은 배스 밀집지역이니 얼른 자리를 옮기는 게 좋다.

가는 길
중부고속도로 음성나들목을 나가서 금왕읍을 거쳐 음성읍에서 음성역을 찾아간다. 음성역 앞을 지나는 516번 지방도로를 따라 불정·소이 방면으로 진행하다 다리 건너 삼거리에서 우회전, 1km 정도 들어가면 소이지 제방 옆에 닿는다.

주요 포인트

최상류

중류 골자리 새물유입구

도로 옆 중류

낚시터정보

위치
충북 음성군 소이면 충도리

유형
계곡형 저수지

면적
13만 제곱미터(약 3만 9,000평)

포인트 개요

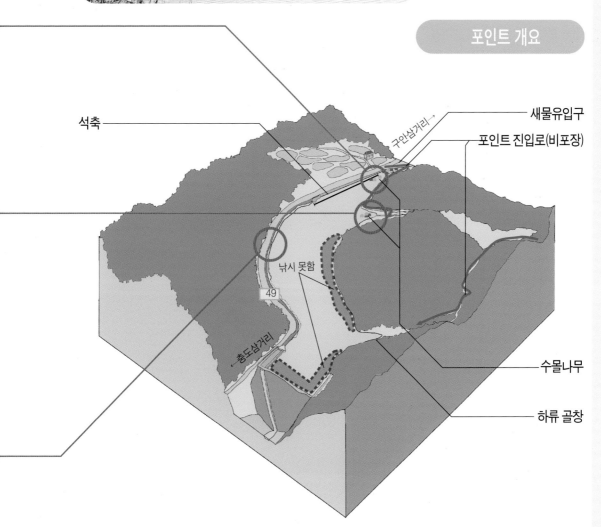

석축

구안삼거리

새물유입구

포인트 진입로(비포장)

낚시 못함

49

충도삼거리

수몰나무

하류 골창

충북 음성
구안지

연안 수초지대가 없다. 바닥도 말풀이나 퇴적물 없이 아주 깨끗한 곳이다. 폭이 좁고 긴 급경사 계곡을 막아 조성한 저수지라 수심 변화가 심하다. 빙어 자원이 많아 얼음낚시를 많이 한다. 아직 4짜급은 확인되지 않았고, 낚이는 붕어 씨알은 주로 20cm 이하 잔챙이에서 27cm급까지가 주종이다. 2006년 최상류 연안을 준설한 후 지금은 토사가 꽤 쌓여있다. 하류 쪽에 갈수기 낚시자리가 여러 곳 있다.

가는 길
중부고속도로 음성나들목을 나가서 금왕읍 시가지를 지난다. 무극교차로에서 우회전, 37번 국도를 따라 괴산·음성 방면으로 진행한다. 음성교차로에서 괴산 방면으로 우회전 한 뒤 곧이어 나오는 GS칼텍스 주유소 앞 삼거리에서 좌회전, 3km 직진하면 구안지에 닿는다.

주요 포인트

최상류

하류 갈수기 포인트

제방 오른쪽 야산 밑

낚시터정보

위치
충북 음성군 원남면 구안리

유형
계곡형 저수지

면적
7만 7,000제곱미터(약 2만 3,000평)

포인트 개요

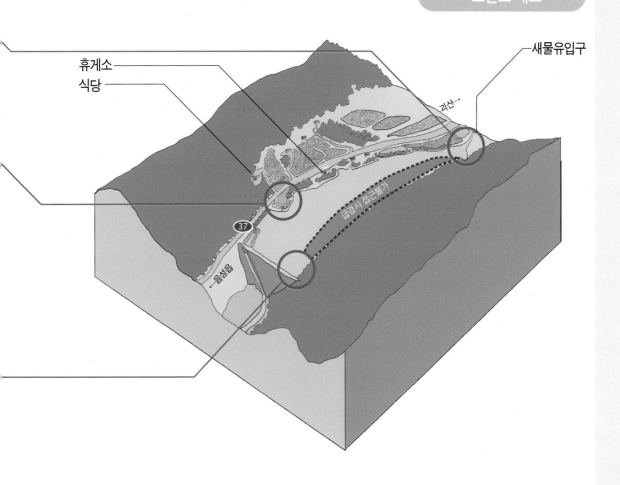

새물유입구

휴게소

식당

괴산

금강사 접근불가

음성읍

37

하당지

음성지방 계곡형 저수지 중에서도 특히 물이 맑은 곳이다. 밤낚시가 잘 되고 옥수수와 새우에 굵은 씨알의 붕어가 낚인다. 중·하류권은 바닥 경사가 급하고 수심이 깊어 짧은 대가 유리하고 상류권에서는 긴 대를 쓰는 것이 좋다. 제방 무넘기는 배수기와 늦가을, 최상류는 봄부터 장마철 오름수위 때 포인트다. 뗏장수초가 드문드문 자라 있고 수몰나무 지대가 있다.

가는 길

37번 국도 음성교차로까지는 구안지 가는 길과 같다. 음성교차로에서 괴산 방면으로 우회전 한 뒤 계속 직진, 육교 앞 하당1리 표석이 있는 삼거리에서 우회전한다. 하당초등학교를 지나 1.5km 진행하면 하당지에 도착한다.

주요 포인트

최상류

중류

무넘기 주변

위치
충북 음성군 원남면 하당리

유형
계곡형 저수지

면적
7만 제곱미터(약 2만 1,000평)

포인트 개요

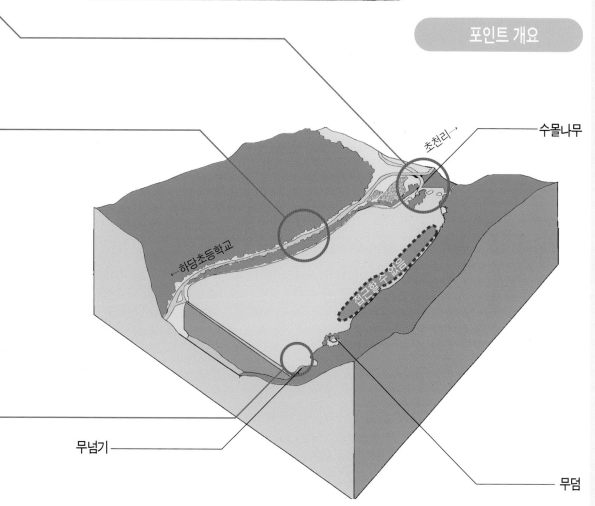

초천리

수몰나무

하당초등학교

접근할 수 없음

무넘기

무덤

맹동지 충북 음성군 맹동면 통동리

수면적 105만 제곱미터 규모의 계곡형 저수지다. 차령산맥 협곡을 막아 만든 저수지로 수심이 깊고 물이 매우 차고 맑다. 붕어의 마릿수나 힘에서만큼은 타의 추종을 불허하는 곳이다. 갈수기에 수위가 많이 내려가 있다가 장맛비로 육초대가 잠길 즈음이면 폭발적인 입질을 받을 수 있다. 2000년대 이후 떡붕어 자원이 크게 늘어나 지금은 중층낚시터로 자리를 잡았다.

관성지 충북 음성군 생극면 관성리

원래 이름은 금정지다. 수면적 13만 제곱미터 규모의 평지형 저수지. 중상류 연안에 갈대, 뗏장수초 등이 고르게 발달해 있다. 2002년 경 배스가 유입됐다. 산란을 전후로 한 봄철과 늦가을을 중심으로 굵은 씨알의 붕어가 곧잘 낚인다. 초여름부터 가을 시즌에는 뻠치급 마릿수 입질이 활발하다. 생미끼보다는 떡밥과 글루텐 짝밥에 활발한 입질을 보인다.

내곡지 충북 음성군 금왕읍 구계리

원래 이름은 금성지다. 밤계지라고도 한다. 수면적 16만 5,000제곱미터 규모의 평지형 저수지다. 전역에 고르게 수초가 발달해 있다. 2000년대 중반에 무한한 떡붕어 개체수가 확인됐다. 인근의 다른 저수지에 비해 수온이 높아 시즌이 빨리 열린다. 초봄 최상류 수몰버드나무와 갈대가 어우러진 포인트에서 수초치기에 월척급 붕어가 곧잘 낚인다.

모란지 충북 음성군 삼성면 선정리

수면적 13만 제곱미터 규모의 평지형 저수지다. 마이지, 혹은 마이제낚시터라고 불린다. 전 연안이 포인트라고 할 수 있을 정도로 전역에서 입질을 받을 수 있다. 최상류 일대와 제방 오른쪽 하류 무덤 앞 일대가 새우낚시 포인트. 수심은 얕은 곳이 1.5m, 깊은 곳은 2m 내외. 겨울 얼음터로도 좋다.

주봉지 충북 음성군 원남면 주봉리

수면적 11만 9,000제곱미터 규모의 계곡형 저수지다. '고기나라 주봉낚시터'라는 이름의 유료낚시터로 운영되고 있다. 붕어가 주종이지만 80cm 이상 잉어도 잘 낚인다. 계곡형 저수지인 만큼 상류 오염원이 없어 물이 맑고 수심이 깊다. 2.5칸대 기준 평균수심이 3m 내외, 가장 깊은 곳은 30m에 이를 정도로 수심이 깊다.

충청북도
진천

옥성지·사양지·신척지·미리실지·구암지

산란기가 지나고, 갈수기가 올 때 충청북도 산골에 있는 계곡지는 훌륭한 답이 된다. 평택제천고속도로와 중앙고속도로를 통해 수도권에서 2~3시간 안에 접근할 수 있는 것도 큰 이점이다. 고려해야 할 것은 진천-음성-괴산 일대의 거의 모든 계곡지에는 배스와 블루길이 있다는 점. 입질 빈도는 낮지만 '걸면 대형급 한 방'의 매력을 느낄 수 있다. 충북 현지꾼들은 거의 떡밥과 글루텐 위주로 미끼를 쓰고 있지만 옥수수 내림낚시도 시도해 봄직하다.

낚시터 위치도

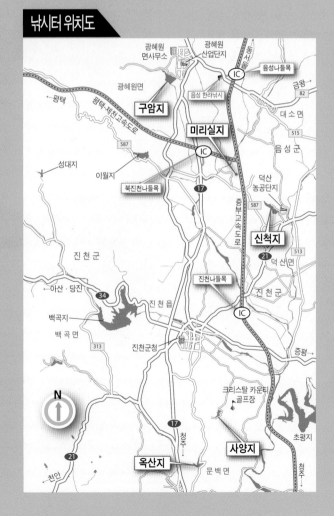

옥성지
(옥산지)

만수면적 7만 7,000제곱미터 규모의 옥산지는 물 맑고 주변 풍경이 수려한 계곡형 저수지다. 바닥은 단단하고 깨끗하다. 제방 앞에서 세 갈래 골짜기로 갈라진다. 양쪽 골은 새물 유입구 부근에서 수심 1m대를 유지하다 급격히 깊어지며 가운데 골은 양쪽 골보다 훨씬 길고 수심도 깊다. 물골 주변에 수몰나무가 있어 골자리 상류 양쪽 연안에 자리를 잡고 수몰나무를 향해 낚싯대를 편성한다. 도로와 접한 연안이 아니면 급경사 때문에 접근이 어렵다. 양쪽 골에 비해 가운데 골자리 포인트의 인기가 높다. 배스가 유입된 대형붕어터.

가는 길

안성-광혜원을 거치거나 평택제천고속도로 북진천나들목을 나가서 17번 국도로 진입해 청주 방면으로 진행하다 옥성교차로에서 국도를 빠져나온 뒤 좌회전, 굴다리를 통과해 마을 쪽으로 들어간다. 마을을 통과해 수로변 길을 따라 2km 정도 오르막을 올라가면 옥성지 제방이 보인다.

가운데 깊은골

오른쪽 골

낚시터정보

위치
풍북 진천군 문백면 옥성리

유형
계곡형 저수지

면적
7만 7,000제곱미터(약 2만 3,000평)

포인트 개요

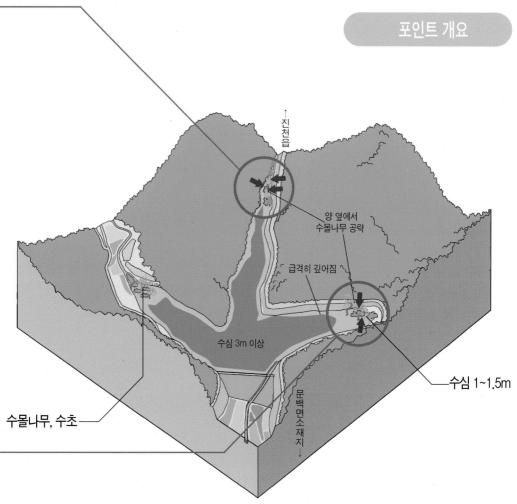

→진천읍

양 옆에서
수몰나무 공략

급격히 깊어짐

수심 3m 이상

문백면소재지→

수심 1~1.5m

수몰나무, 수초

충북 진천
사양지

마을 깊숙한 곳에 있는 물 맑은 계곡지인 사양지는 배스가 유입된 대형 붕어터로 입질은 드물지만 낚이면 30cm 후반급에서 4짜일 정도로 씨알이 굵은 붕어가 많다. 바닥은 모래로 이루어져 있고 수초 없이 깨끗하다. 제방 왼쪽 중류부터 최상류 연안에 걸쳐 포인트가 형성된다. 맞은편 연안은 경사가 급해 접근할 수 없다. 만수면적은 5만 1,000제곱미터.

가는 길

중부고속도로 진천나들목을 나가서 좌회전, 진천읍으로 향한다. 진천읍 초입 SK주유소 앞 사거리에서 좌회전 해 1km 정도 진행하다 농공단지 입구 삼거리에서 우회전, 진천농공단지로 진입한 뒤 건축자재상 앞 오거리에서 두시 방향으로 우회전, 진천농교 이정표를 따라 2km 진행한다. 길 왼쪽에 작은 슈퍼가 있는 삼거리에서 우회전, 마을을 통과한 직후 작은 삼거리에서 논밭 방향으로 좌회전한 뒤 다시 다리를 건너기 전 우회전, 수로 변 길을 따라 2km 진입하면 사양지 제방이 보인다.

주요 포인트

최상류

제방 왼쪽 연안

낚시터정보

위치
충북 진천군 문백면 사양리

유형
계곡형 저수지

면적
5만 1,000평(약 1만 5,400평)

포인트 개요

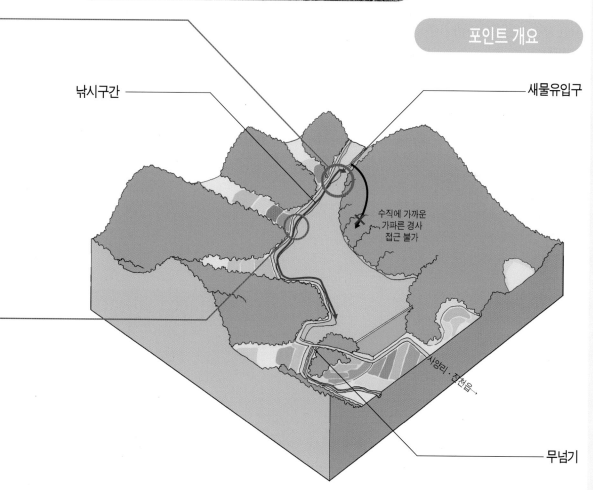

낚시구간

새물유입구

수직에 가까운
가파른 경사
접근 불가

사양리 : 진천읍

무넘기

충북 진천
신척지

진천에서 몇 안 되는 제법 큰 규모의 평지형 저수지다. 만수면적은 16만 제곱미터. 가장 깊은 곳은 수심 3m 정도. 연안 평균 수심은 0.8~1.5m 정도이며 제방권은 1m 정도. 연안 곳곳에 연밭이 있다. 연밭을 끼고 있는 곳이라면 어디든 좋은 포인트가 된다. 여름에는 연입과 마름이 퍼져 낚시하기가 다소 까다로워진다. 배스와 블루길, 잉어, 가물치, 떡붕어가 서식하고 있다.

가는 길

중부고속도로 진천나들목을 나가서 우회전, 21번 국도를 타고 장호원 방면으로 진행한다. 합목삼거리를 지나 다리를 건너자마자 바로 좌회전 한다. 길 왼쪽에 신척지 간판이 있어 쉽게 알아볼 수 있다. 수로변 도로를 따라 800m 정도 진입하면 신척지 제방 앞에 닿는다. 왼쪽 버드나무 연안으로 가려면 합목삼거리에서 좌회전, 1.5km 진행한 뒤 신월리 이정표가 있는 곳에서 우회전해 비포장도로를 따라 공사장을 가로질러 접근한다.

주요 포인트

상류 수초·연밭

버드나무 연안

무넘기 부근 뗏장수초 포인트

낚시터정보

위치
충북 진천군 덕산면 신척리

유형
평지형 저수지

면적
16만 제곱미터(약 4만 8,400평)

포인트 개요

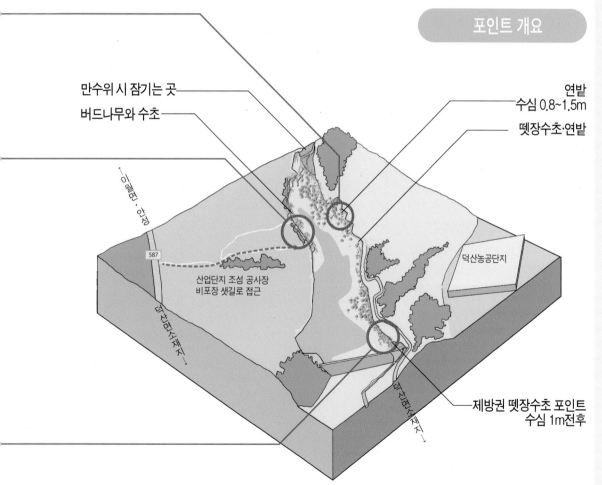

만수위 시 잠기는 곳

버드나무와 수초

연밭
수심 0.8~1.5m

뗏장수초·연밭

이월면·안성

587

산업단지 조성 공사장
비포장 샛길로 접근

덕산농공단지

덕산면소재지

덕산면소재지

제방권 뗏장수초 포인트
수심 1m전후

미리실지

미리실지는 만수면적 3만 3,000제곱미터의 평지형 저수지다. 이곳은 자원이 많은데다 붕어 씨알도 굵고 낚시자리를 펴기가 쉬워 많은 현지꾼들이 즐겨 찾는다. 낚시 관련 매체나 인터넷에도 자주 소개되는 명소. 연밭이 수면 전체에 퍼져 있고 포인트는 연밭과 정수수초의 경계선에 형성된다. 어느 곳에 앉더라도 여건이 비슷해 자리를 타지 않고 고른 조황을 보인다. 떡붕어가 서식하고 있으며 배스와 블루길 등 육식성 외래어종은 없다. 메기와 가물치가 서식한다.

가는 길
평택제천고속도로 북진천나들목을 나가서 덕산 방면으로 좌회전한다. 587번 지방도를 따라 1km 남짓 진행한 뒤 미잠리 표석을 보고 다리를 건너 마을로 들어간다. 마을 초입에서 우회전한 뒤 다시 한 번 다리를 건넌 후 바로 좌회전한다. 수로 변 도로를 따라 200m 정도 진행하다 오른쪽 콘크리트 포장된 농로로 우회전해 들어간 다음 700m 정도 진입하면 미리실지 제방 앞에 도착한다.

제방권 연밭

야산 밑

낚시터정보

위치
충북 진천군 이월면 미잠리

유형
평지형 저수지

면적
3만 3,000제곱미터(약 1만 1,000평)

포인트 개요

낚시구간
수심 0.8~1.3m

새물유입구

떳장수초·연밭

연·수초밭

야산

243

충북 진천
구암지
(댓골지)

배스가 유입된 대형붕어터인 구암지 (댓골지)는 만수면적 23만 제곱미터 의 꽤 큰 계곡형 저수지다. 물 맑고 바 닥이 깨끗하다. 최상류에 있는 얕은 수심의 수초 포인트 외에는 거의 수 몰나무 포인트들이다. 특히 제방 오 른쪽 중류에 좋은 수몰나무 포인트 가 많다. 제방 왼쪽 중류에 작은 홈통 자리가 두 군데 있는데, 이곳은 갈수 기 포인트다. 풍경이 수려하고 야영 이 가능한 넓은 곳이 있어 나들이를 겸한 출조지로도 좋은 곳이다.

가는 길

중부고속도로 음성나들목을 나가서 광혜원 방면으로 우회전, 17번 국도 를 타고 광혜원 시가지로 들어선다. 만승교 다리를 건너면 바로 좌회전해 청주·진천 방면으로 진행하다가 광 혜원산업단지 입간판을 끼고 우회전 한다. 산업단지 외곽도로를 따라가다 댓골가든 간판을 보고 좌회전해 들 어간 다음 굴다리를 통과하면 구암 지에 도착한다.

주요 포인트

새물유입구 부근 뗏장수초 포인트

중류 수몰나무 지대

제방 왼쪽 골창

낚시터정보

위치
충북 진천군 광혜원면 구암리

유형
계곡형 저수지

면적
23만 제곱미터(약 6만 9,500평)

포인트 개요

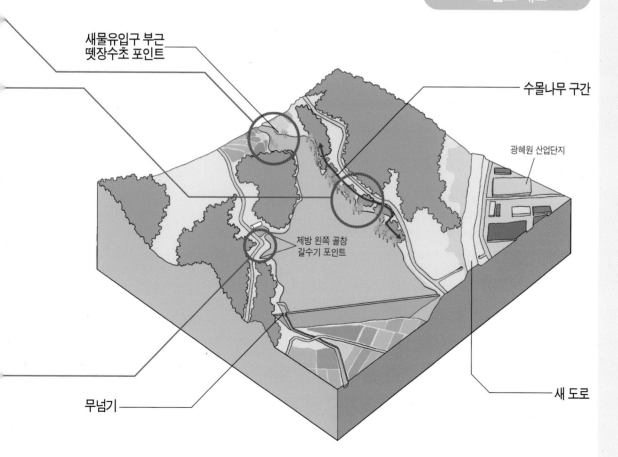

새물유입구 부근
뗏장수초 포인트

수몰나무 구간

광혜원 산업단지

제방 왼쪽 골창
갈수기 포인트

새 도로

무넘기

초평지 충북 진천군 초평면 화산리

257만 제곱미터 규모의 대형 저수지다. 미호지라는 이름도 가지고 있다. 전성기에는 하룻밤에 월척만 30~40마리가 낚였던 곳이지만 최근에는 배스자원이 크게 늘었다. 붕어낚시는 봄 산란기와 장마 이후 오름수위 때 호황을 보인다. 버드나무에 새순이 돋기 시작하는 5월 초가 마릿수 절정기.

백곡지 충북 진천군 진천읍 가산리

수면적 231만 제곱미터 규모의 대형 계곡형 저수지다. 인근의 초평지와 비슷한 시기에 준공됐다. 현재는 토종붕어보다 떡붕어 개체수가 월등히 많고 그 씨알도 굵어 중층꾼들의 발길이 눈에 띄게 늘어나고 있다. 초봄에는 백곡지 최상류 수로에서 4짜급 대형 떡붕어가 마릿수로 입질한다. 수심 깊은 제방 왼쪽 골자리에는 잉어를 낚는 전문 릴꾼들이 상주한다.

연곡지 충북 진천군 진천읍 연곡리

백곡지 인근에 있는 계곡형 저수지다. 수면적 9만 9,000제곱미터 규모의 전형적인 계곡형 저수지. 낚시는 대부분 최상류를 중심으로 이뤄진다. 최상류라고 해도 수심이 2m를 넘을 정도로 깊다. 산란철에는 이따금 월척급까지 낚이기도 하지만 평소 씨알은 20cm 내외. 특히 콩알떡밥낚시에 시원한 찌올림이 좋다.

탑골지 충북 진천군 만승면 실원리

수면적 9,900제곱미터 규모의 평지형 저수지로 1945년 준공됐다. 말풀과 마름 등 전역이 수초로 덮여 있어 물고기 서식여건이 좋다. 무엇보다 붕어 자원이 풍부해 새우나 참붕어 미끼에 월척급이 곧잘 낚인다. 잔챙이가 많아 떡밥보다는 생미끼가 유리하며 가물치도 많다. 가물치는 1m 이상의 초대형급이 종종 올라온다.

석장지 충북 진천군 덕산면 석장리

수면적 9만 제곱미터 규모의 평지형의 저수지다. 이따금 준월척급 붕어가 낚이기도 하지만 씨알보다는 마릿수 손맛이 좋은 곳이다. 씨알은 25cm 전후가 잘 낚인다. 도로 옆에 위치해 있는 탓에 약간 소란스러운 것이 흠이지만 밤이 깊어 차량 통행이 뜸해지면 황홀한 찌올림을 만끽할 수 있다.

전국
붕어낚시터
199

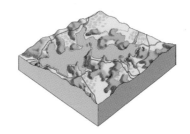

전국 **붕어낚시터 199** 3D 입체 포인트 분석

초판 1쇄 발행 2013년 5월 15일
개정판 1쇄 발행 2018년 5월 25일
개정판 3쇄 발행 2023년 9월 25일

지은이 월간낚시21 편집부
펴낸이 김동욱
디자인 최신철 윤재영
펴낸곳 도서출판 모노
신고 제406-2015-000231호
주소 경기도 파주시 문발로 119(문발동) 307호
전화 031-955-0330
팩스 0303-0571-0330

ⓒ2021 월간낚시21 편집부
ISBN 979-11-963875-1-8 03690